プリント形式のリアル過去問で本番の臨場感！

静岡県

常葉大学附属（常葉・橘・菊川）中学校

2025年春受験用

解答集

本書は，実物をなるべくそのままに，プリント形式で年度ごとに収録しています。
問題用紙を教科別に分けて使うことができるので，本番さながらの演習ができます。

■ 収録内容

・解答集（この冊子です）

書籍ＩＤ番号，この問題集の使い方，最新年度実物データ，リアル過去問の活用，
解答例と解説，ご使用にあたってのお願い・ご注意，お問い合わせ

・2024（令和６）年度 ～ 2021（令和３）年度　学力検査問題

JN132609

○は収録あり	年度	'24	'23	'22	'21		
■ 問題（三校共通）		○	○	○	○		
■ 解答用紙※		○	○	○	○		
■ 配点							

算数に解説
があります

※2023年度以前の算数は書き込み式

☆問題文等の非掲載はありません

教英出版

■ 書籍ＩＤ番号

入試に役立つダウンロード付録や学校情報などを随時更新して掲載しています。

教英出版ウェブサイトの「ご購入者様のページ」画面で，書籍ＩＤ番号を入力してご利用ください。

書籍ＩＤ番号　116418

（有効期限：2025年9月30日まで）

【入試に役立つダウンロード付録】

「要点のまとめ(国語／算数)」

「課題作文演習」ほか

■ この問題集の使い方

年度ごとにプリント形式で収録しています。針を外して教科ごとに分けて使用します。①片側，②中央のどちらかでとじてありますので，下図を参考に，問題用紙と解答用紙に分けて準備をしましょう（解答用紙がない場合もあります)。

針を外すときは，けがをしないように十分注意してください。また，針を外すと紛失しやすくなりますので気をつけましょう。

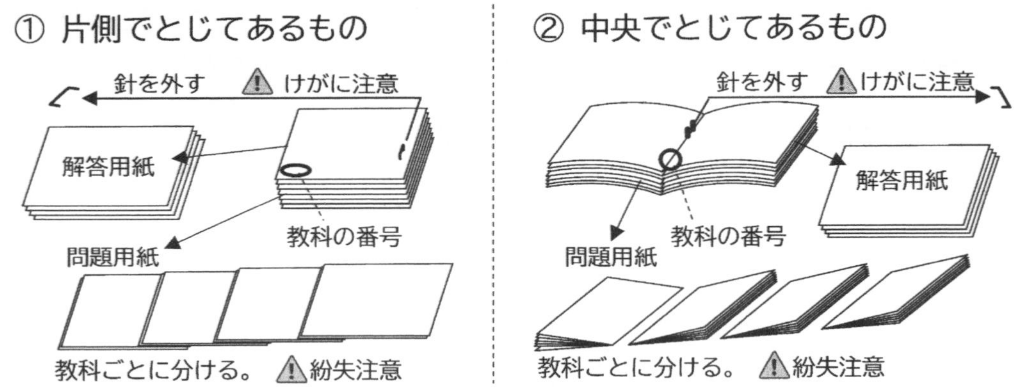

※教科数が上図と異なる場合があります。
解答用紙がない場合や，問題と一体になっている場合があります。
教科の番号は，教科ごとに分けるときの参考にしてください。

■ 最新年度 実物データ

実物をなるべくそのままに編集していますが，収録の都合上，実際の試験問題とは異なる場合があります。実物のサイズ，様式は右表で確認してください。

問題用紙	国語：Ａ３片面プリント 算数：Ａ４冊子(二つ折り)(書込み式)
解答用紙	国語：Ａ３片面プリント 算数：Ａ４片面プリント

リアル過去問の活用

～リアル過去問なら入試本番で力を発揮することができる～

本番を体験しよう！

問題用紙の形式（縦向き / 横向き），問題の配置や余白など，実物に近い紙面構成なので本番の臨場感が味わえます。まずはパラパラとめくって眺めてみてください。「これが志望校の入試問題なんだ！」と思えば入試に向けて気持ちが高まることでしょう。

入試を知ろう！

同じ教科の過去数年分の問題紙面を並べて，見比べてみましょう。

① 問題の量

毎年同じ大問数か，年によって違うのか，また全体の問題量はどのくらいか知っておきましょう。どのくらいのスピードで解けば時間内に終わるのか，大問ひとつにかけられる時間を計算してみましょう。

② 出題分野

よく出題されている分野とそうでない分野を見つけましょう。同じような問題が過去にも出題されていることに気がつくはずです。

③ 出題順序

得意な分野が毎年同じ大問番号で出題されていると分かれば，本番で取りこぼさないように先回りして解答することができるでしょう。

④ 解答方法

記述式か選択式か（マークシートか），見ておきましょう。記述式なら，単位まで書く必要があるかどうか，文字数はどのくらいかなど，細かいところまでチェックしておきましょう。計算過程を書く必要があるかどうかも重要です。

⑤ 問題の難易度

必ず正解したい基本問題，条件や指示の読み間違いといったケアレスミスに気をつけたい問題，後回しにしたほうがいい問題などをチェックしておきましょう。

問題を解こう！

志望校の入試傾向をつかんだら，問題を何度も解いていきましょう。ほかにも問題文の独特な言いまわしや，その学校独自の答え方を発見できることもあるでしょう。オリンピックや環境問題など，話題になった出来事を毎年出題する学校だと分かれば，日頃のニュースの見かたも変わってきます。

こうして志望校の入試傾向を知り対策を立てることこそが，過去問を解く最大の理由なのです。

実力を知ろう！

過去問を解くにあたって，得点はそれほど重要ではありません。大切なのは，志望校の過去問演習を通して，苦手な教科，苦手な分野を知ることです。苦手な教科，分野が分かったら，教科書や参考書に戻って重点的に学習する時間をつくりましょう。今の自分の実力を知れば，入試本番までの勉強の道すじが見えてきます。

試験に慣れよう！

入試では時間配分も重要です。本番で時間が足りなくなってあわてないように，リアル過去問で実戦演習をして，時間配分や出題パターンに慣れておきましょう。教科ごとに気持ちを切り替える練習もしておきましょう。

心を整えよう！

入試は誰でも緊張するものです。入試前日になったら，演習をやり尽くしたリアル過去問の表紙を眺めてみましょう。問題の内容を見る必要はもうありません。どんな形式だったかな？受験番号や氏名はどこに書くのかな？…ほんの少し見ておくだけでも，志望校の入試に向けて心の準備が整うことでしょう。

そして入試本番では，見慣れた問題紙面が緊張した心を落ち着かせてくれるはずです。

※まれに入試形式を変更する学校もありますが，条件はほかの受験生も同じです。心を整えてあせらずに問題に取りかかりましょう。

常葉大学附属常葉・橘・菊川中学校

《国　語》

一　①こころ　②はか　③おうらい　④おさ　⑤こうえき　⑥ちょうこう　⑦くちょう　⑧ね

二　①成績　②貸　③便乗　④挙　⑤博物館　⑥建築　⑦加減　⑧測定　⑨貯水池　⑩快

三　①イ　②ア　③ウ

四　①乗る　②くくる　③かける

五　エ，キ

六　問一．イ　問二．個人の好ききらいや価値観を当然のものだと考え、それを標準化すること　問三．ウ　問四．みずからの食生活　問五．エ　問六．ア　問七．きっかけ　問八．イ　問九．ウ　問十．【B】

七　問一．Ⅰ．ア　Ⅱ．エ　Ⅲ．イ　問二．イ　問三．進の味方について／おこられた　問四．彼はセロテ　問五．血　問六．自転車が道　問七．ウ　問八．花／死んでしまった／わかった　問九．進　問十．エ

《算　数》

1　(1)62　(2)138　(3)19　(4)78　(5)63.08　(6)$1\frac{11}{15}$　(7)$1\frac{1}{5}$　(8)25

2　(1)4　(2)$\frac{3}{7}$　(3)35　(4)12　(5)960　(6)72　(7)58　(8)1時間15分

3　(1)5　(2)40　(3)108

4　6

5　(1)4　(2)37　(3)8093

6　(1)40　(2)32

7　27.84

8　(1)110　(2)1480　(3)9

1 (1) 与式＝６＋56＝**62**　(3) 与式＝32－(40－９×３)＝32－(40－27)＝32－13＝**19**

(6) 与式＝$\frac{17}{5}-\frac{5}{3}=\frac{51}{15}-\frac{25}{15}=\frac{26}{15}=$ **$1\frac{11}{15}$**　(7) 与式＝$\frac{15}{16}\times\frac{4}{5}\times\frac{8}{5}=\frac{6}{5}=$ **$1\frac{1}{5}$**

(8) 与式＝$5.8+(\frac{7}{3}-0.2)\times9=5.8+\frac{7}{3}\times9-0.2\times9=5.8+21-1.8=$**25**

2 (1) $0.25=\frac{25}{100}=\frac{1}{4}$より，□＝**4**　(2) □＝３÷７＝**$\frac{3}{7}$**

(3) 56÷８＝７より，５：８＝(５×７)：(８×７)＝35：56　よって，□＝**35**

(4) 立方体は右図のように，正方形が６つつながった図形で，辺の本数は**12**本ある。

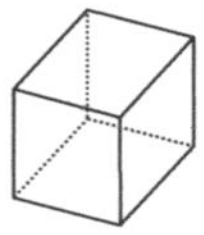

(5) ２割＝0.2だから，4800円の２割は4800×0.2＝**960**(円)である。

(6) ２つの数の最小公倍数を求めるときは，右の筆算のように割り切れる数で次々に割っていき，割った数と割られた結果残った数をすべてかけあわせればよい。よって，求める最小公倍数は，２×３×３×４＝**72**

```
2 ) 18  24
3 )  9  12
     3   4
```

(7) **【解き方】(体重の合計)÷(人数)＝(体重の平均)で求める。**

３人の体重の平均は，(59＋47＋68)÷３＝**58**(kg)

(8) **【解き方】求める時間を「分」で求めてから「何時間何分」の形にする。**

６km＝6000mだから，かかる時間は6000÷80＝75(分)である。よって，求める時間は**1時間15分**

3 (2) **【解き方】$\frac{(５冊以上読んだ人の人数)}{(クラス全体の人数)}\times100$ で求める。**

１か月に５冊以上読んだ人数は，５冊または６冊読んだ人数の合計だから，９＋３＝12(人)である。

よって，求める割合は，$\frac{12}{30}\times100=$**40**(％)

(3) **【解き方】円グラフは１周360°であり，角アの大きさは人数に比例する。**

１か月に５冊読んだ人の割合は，全体の$\frac{9}{30}=\frac{3}{10}$だから，角ア＝$360°\times\frac{3}{10}=$**108°**

4 **【解き方】６×７＝42だから，分母の８×９×10が約分によって１になればよい。**

８＝２×２×２，９＝３×３，10＝２×５だから，８×９×10＝(２×２×２)×(３×３)×(２×５)＝１×２×３×(２×２)×５×(２×３)＝１×２×３×４×５×６となる。

問題文より，□には１から連続する数の積のうち最も大きい整数が入るので，**６**である。

5 (1) ５－１＝４，９－５＝４，13－９＝４より，**４ずつ増えている**とわかる。

(2)(3) 問題文の法則にしたがうと，10番目は１＋４×９＝**37**，2024番目は１＋４×2023＝**8093**である。

6 (1) **【解き方】斜線《しゃせん》部分の面積は，１辺の長さが２＋６＝８(cm)の正方形の面積から，直角を作る２辺の長さがそれぞれ２cm，６cmの直角三角形の面積を４つ分引いた値《あたい》である。**

求める面積は，８×８－(２×６÷２)×４＝64－24＝**40**(cm²)

(2) **【解き方】右図のように，斜線部分を端《はし》によせて考える。**

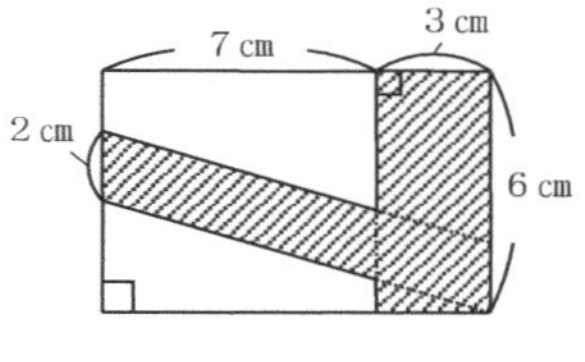

斜線部分の面積は，縦，横の長さがそれぞれ６cm，３cmの長方形の面積と，底辺が２cm，高さが７cmの平行四辺形の面積の和だから，

６×３＋２×７＝18＋14＝**32**(cm²)である。

7 **【解き方】右図のように，補助線(太線部分)を２本引くと，これらの補助線は円の半径だから９cmであり，三角形ＡＢＣは正三角形である。**

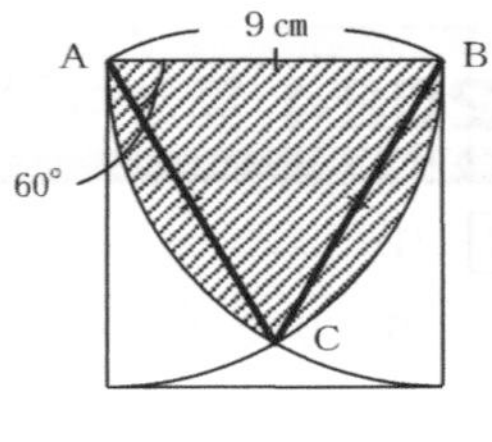

斜線部分の周の長さは，９cmに半径が９cm，中心角が60°のおうぎ形の曲線部分の長さを２つ分足した値である。

よって，斜線部分の周の長さは$9+(9\times2\times3.14\times\frac{60^\circ}{360^\circ})\times2=$**27.84**(cm)

8 (1) **【解き方】容器を上から見ると，右図のようになる。**

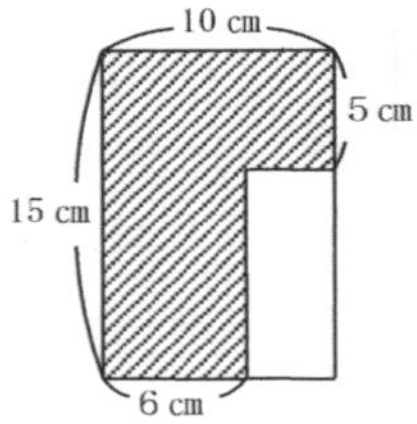

斜線部分の面積は，縦，横の長さがそれぞれ15cm，10cmの長方形の面積から，縦，横の長さがそれぞれ15－５＝10(cm)，10－６＝４(cm)の長方形の面積を引いた値である。よって，15×10－10×４＝150－40＝**110**(cm²)

(2) **【解き方】容器を①底面が斜線部分で高さが８cmの柱体と，②縦の長さ，横の長さ，高さがそれぞれ15cm，10cm，４cmの直方体に分けて考える。**

柱体の容器の容積は(底面積)×(高さ)で求められるから，①の容積は110×８＝880(cm³)，②の容積は，15×10×４＝600(cm³)である。よって，求める容積は880＋600＝**1480**(cm³)

(3) **【解き方】(2)で求めた値を利用する。**

容器に入れた水の体積1150cm³は，(2)の②の容積600cm³より大きいから，水面は①の部分にある。①に入っている水の量は1150－600＝550(cm³)だから，①に入っている水の高さは550÷110＝５(cm)である。よって，もっとも深いところの水の深さは５＋４＝**９**(cm)

2023 解答例 令和5年度　常葉大学附属常葉・橘・菊川中学校

《国　語》

一　①たいき　②さぎょう　③はつが　④じかく　⑤みちび　⑥たも　⑦むら　⑧たがや

二　①意外　②通過　③感謝　④伝統　⑤観光　⑥上達　⑦険　⑧祝

三　①101　②5　③15

四　①イ　②エ

五　①ウ　②イ　③イ

六　①エ　②エ　③×

七　問一．ウ　問二．『後ろ向きのとんぼ返りのうまい人だった』　問三．①あだ名　②悔しさ　問四．A．ウ　B．イ　C．ア　D．エ　問五．ア　問六．宝石　問七．ア，イ，エ

八　問一．イ　問二．生命活動の～働いている　問三．ウ　問四．(1)物事をつねに頭で処理しようとする人　(2)肝心なところで頼りになる「超一流」の人　問五．④腹　⑤戦　問六．イ

《算　数》

1　(1)19　(2)1621　(3)32　(4)31　(5)192.72　(6)$1\frac{34}{35}$　(7)$\frac{7}{27}$　(8)11.5

2　(1)14　(2)10　(3)2450　(4)6　(5)14　(6)3375　(7)1，46　(8)64

3　(1)9，40　(2)1800

4　25

5　(1)70°　(2)50°

6　(1)30　(2)638

7　(1)244.92　(2)282.6

8　6

9　8

10　100，32

1 (1) 与式＝43－24＝19

(3) 与式＝55－(65－14×３)＝55－(65－42)＝55－23＝32

(6) 与式＝$\frac{17}{5}-\frac{10}{7}=\frac{119}{35}-\frac{50}{35}=\frac{69}{35}=1\frac{34}{35}$

(7) 与式＝$\frac{5}{6}\times\frac{2}{3}\div\frac{15}{7}=\frac{5}{6}\times\frac{2}{3}\times\frac{7}{15}=\frac{7}{27}$

(8) 与式＝３×７－２－7.5＝21－２－7.5＝11.5

2 (1) 与式より，□×７＝111－13　　□＝98÷７＝14

(2) ３は0.6を３÷0.6＝５(倍)した数だから，□＝２×５＝10

(3) ３割引きの値段は，１－0.3＝0.7(倍)の値段だから，3500×0.7＝2450(円)

(4) 最大公約数を求めるときは，右の筆算のように割り切れる数で次々に割っていき，割った数をすべてかけあわせればよい。よって，48と210の最大公約数は，２×３＝６

```
2) 48 210
3) 24 105
    8  35
```

(5) **【解き方】ｎ角形について，１つの頂点からひける対角線の本数は，自身と両どなりの頂点へはひけないので，(ｎ－３)本となる。対角線は両はしの頂点からひかれているので，２回数えないように注意する。**

正七角形の１つの頂点から７－３＝４(本)の対角線がひける。４×７＝28(本)だと１つの対角線を２回数えることになるので，求める本数は，28÷２＝14(本)

(6) 15×15×15＝3375(㎤)

(7) ２時43分－57分＝１時(60＋43)分－57分＝１時(103－57)分＝１時46分

(8) **【解き方】(平均点)＝(合計点)÷(人数)，(合計点)＝(平均点)×(人数)で求められる。**

５人の合計点は80＋60×４＝320(点)だから，平均点は，320÷５＝64(点)

3 (1) 家から図書館に行くのに，3000÷75＝40(分)かかる。よって，求める時刻は，９時＋40分＝９時40分

(2) 家から24分間歩いた地点だから，75×24＝1800(m)

4 80個以上回収した日は３＋２＝５(日)である。これは20日間の５÷20×100＝25(％)である。

5 (1) 右図のように，記号をおく。折り返した角は等しいので，角ＤＦＥ＝Ｘだから，Ｘ＋Ｘ＋40°＝180°　　Ｘ＝(180°－40°)÷２＝70°

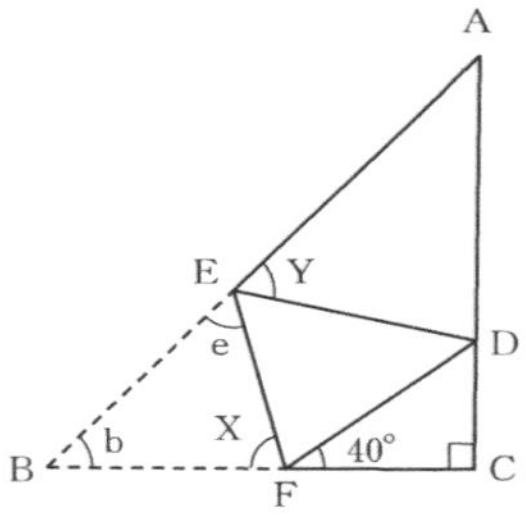

(2) 三角形ＡＢＣは直角二等辺三角形だから，角ｂ＝45°

三角形ＥＢＦの内角の和より，角ｅ＝180°－70°－45°＝65°

角ＤＥＦ＝角ｅ＝65°だから，Ｙ＝180°－65°－65°＝50°

6 (1) ５×12÷２＝30(㎠)

(2) **【解き方】右図のように，１辺が13㎝の正方形は，アの13㎝の辺４つでできた正方形と考えることができる。**

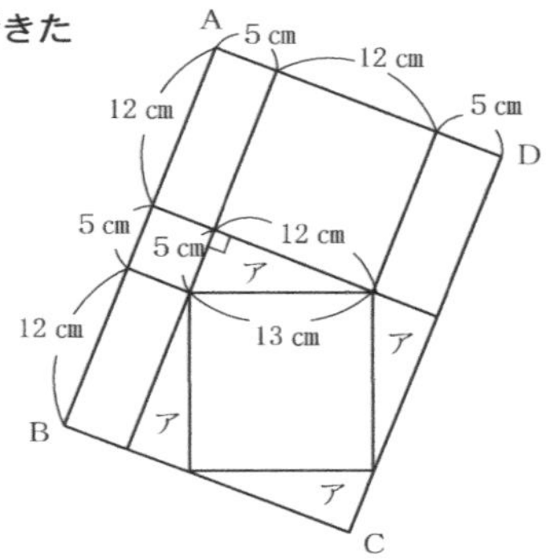

ＡＢ＝12＋５＋12＝29(㎝)，ＡＤ＝５＋12＋５＝22(㎝)だから，

求める面積は，29×22＝638(㎠)

7 (1) **【解き方】柱体の側面積は，(高さ)×(底面の周の長さ)で求められる。**

底面の円周は，３×２×3.14＝６×3.14(㎝)，底面積は，３×３×3.14＝９×3.14(㎠)だから，求める表面積は，

９×3.14×２＋10×６×3.14＝(18＋60)×3.14＝244.92(㎠)

(2)　9×3.14×10＝282.6(㎤)

8　右図のように，記号をおく。

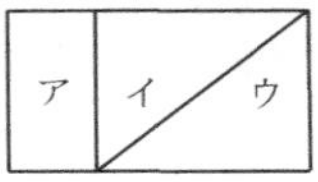

イを赤にすると，アとウの色のぬり分ける組み合わせは，(ア，ウ)＝(青，緑)，(緑，青)の2通り。イを青，緑にする場合も同様にアとウのぬり分け方は2通りずつある。

よって，ぬり分け方は全部で，2×3＝6(通り)

9　Xと書かれたカードと斜線で示されたカードは，1，3，4，7，8，11のいずれかである。

上の段の6の右に並べられた3枚は6より大きいから，左から順に，7，8，11であるとわかる。

Xはその真ん中の数だから，8である。

10　(1)　**【解き方】花子さんの会話から，n段目の左はしの数は，n×nで求められるとわかる。**

10段目の左はしの数は，10×10＝100である。1058のある段の左はしの数を見つけるため，2回かけて1058に近い数を探していく。30×30＝900，31×31＝961，32×32＝1024，33×33＝1089で，1024＜1058＜1089だから，1058のある段の左はしは32であり，これが段の数と等しいから，32段目にあるとわかる。

2022 解答例
令和４年度

★常葉大学附属常葉・橘・菊川中学校

《国　語》

一　①しんきょう　②しゅくめい　③つ　④きせき　⑤こうりつ　⑥かいが　⑦こころざ　⑧せんもん

二　①久　②覚　③季節　④限界　⑤特別　⑥興味　⑦栄養　⑧積　⑨平均　⑩材料

三　①無欠　②絶体　③有言　④自賛

四　①イ　②ウ　③ウ

五　①イ　②ア

六　問一．勝ち　問二．裕太から年賀状が来たら、返事を書いて仲直りするため。　問三．ウ　問四．ア
問五．二〇〇五，三　問六．鼻　問七．ぼく／裕太の気持ち

七　問一．もう一度再～生できない／自分の身に～きていない　問二．(1)先生が説明した内容を、生徒が再現するというやり方。　(2)「次に自分が話すのだ」と思って聞くこと　問三．明治維新はなぜ成功したのか
問四．A．イ　B．ア　C．エ　問五．ア　問六．ウ　問七．再生

《算　数》

[1]　(1)52　(2)699　(3)10　(4)28　(5)42.84　(6)$\frac{11}{20}$　(7)$\frac{2}{3}$　(8)0.7

[2]　(1)12　(2)840　(3)200　(4)79　(5)20　(6)20　(7)230　(8)15

[3]　(1)80　(2)12　(3)47

[4]　(1)144　(2)36

[5]　(1)28　(2)28.5

[6]　136

[7]　652

[8]　(1)24　(2)18

[9]　5

[10]　21，14

1

(1) 与式＝32＋20＝52

(3) 与式＝16−(12−4×9÷6)＝16−(12−6)＝16−6＝10

(6) 与式＝$2\frac{5}{20}-1\frac{14}{20}=1\frac{25}{20}-1\frac{14}{20}=\frac{11}{20}$

(7) 与式＝$\frac{5}{12}\div\frac{10}{3}\times\frac{16}{3}=\frac{5}{12}\times\frac{3}{10}\times\frac{16}{3}=\frac{2}{3}$

(8) 与式＝$\frac{3}{2}-1+0.2=1.5-1+0.2=0.7$

2

(1) 2：3＝(2×4)：(3×4)＝8：12

(2) 3割引きは元の値段の$1-\frac{3}{10}=\frac{7}{10}$(倍)だから，$1200\times\frac{7}{10}=840$(円)

(3) 時速12kmは，1時間＝60分で12km＝(12×1000)m＝12000m進む速さだから，分速$\frac{12000}{60}$m＝分速200m

(4) (82＋75＋87＋68＋83)÷5＝395÷5＝79(点)

(5) **【解き方】各頂点から引ける対角線の本数を調べるが，同じ対角線を2回数えないように注意する。**

八角形では，1つの頂点から，となりの頂点と自身を除く8−3＝5(個)の頂点に対角線を引ける。ここで対角線を5×8＝40(本)と計算すると，1本の対角線を2回ずつ数えていることになるので，対角線の本数は，40÷2＝20(本)

(6) **【解き方】1から60までの整数の個数(60個)から，2または3の倍数の個数を引く。2または3の倍数の個数は，(2の倍数の個数)＋(3の倍数の個数)−(2と3の公倍数の個数)で求められる。**

1から60までの整数のうち，2の倍数は60÷2＝30(個)，3の倍数は60÷3＝20(個)ある。ここで2または3の倍数の個数を30＋20＝50(個)と計算すると，2と3の公倍数を二重に数えていることになる。2と3の公倍数は最小公倍数6の倍数だから，60÷6＝10(個)ある。したがって，2または3の倍数は，30＋20−10＝40(個)ある。

よって，求める個数は，60−40＝20(個)

(7) 92ページは全体のページ数の$1-\frac{3}{5}=\frac{2}{5}$にあたるから，全体のページ数は，$92\div\frac{2}{5}=230$(ページ)

(8) **【解き方】かみ合っている歯車において，(歯数)×(回転数)は等しくなる。**

Aの(歯数)×(回転数)は，24×20＝480だから，Bの回転数は，480÷32＝15(回転)

3

(1) グラフより，30分で2.4km＝2400m進んでいるから，分速$\frac{2400}{30}$m＝分速80m

(2) **【解き方】(かかった時間の合計)−(移動時間の合計)で求める。**

6km＝6000mだから，さとしさんの移動時間の合計は，6000÷80＝75(分)

実際にかかった時間は87分だから，休けい時間は，87−75＝12(分間)

(3) **【解き方】さとしさんが再び歩き始めた時点での2人の間の道のりから計算する。**

さとしさんが再び歩き始めたのは，出発してから30＋12＝42(分後)である。このときお兄さんは200×(42−33)＝1800(m)進んでいるから，2人の間の道のりは，2400−1800＝600(m)である。このあと，2人の間の道のりは毎分(200−80)m＝毎分120mの割合で縮まるから，お兄さんがさとしさんに追いつくのは，さらに600÷120＝5(分後)である，よって，求める時間は，42＋5＝47(分後)

4

(1) **【解き方】n角形の内角の和は，180°×(n−2)で求められる。**

十角形の内角の和は，180°×(10−2)＝1440°だから，正十角形の1つの内角は，1440°÷10＝144°

(2) **【解き方】折り返す前の長方形をかくと右図のようになる。折り返したとき重なるから，aとbの角度は等しい。**

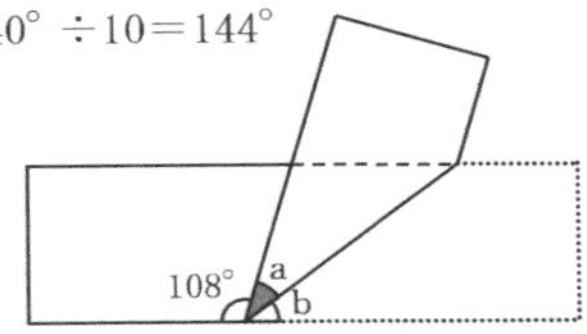

a＋b＝180°−108°＝72°だから，求める角度は，72°÷2＝36°

5 (1)　**【解き方】長方形の向かい合う辺は平行だから，三角形を右図のように変形しても底辺の長さと高さが変わらないので，面積も変わらない。**

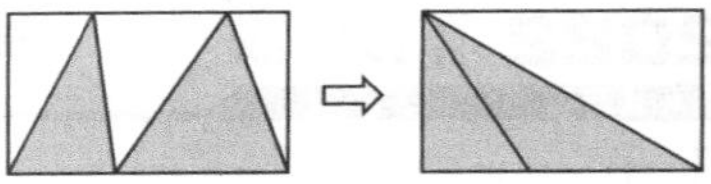

長方形の半分の面積を求めればよいので，８×７÷２＝28(㎠)

(2)　**【解き方】色がぬられた部分の一部は，右図のように面積を変えずに移動できる。**

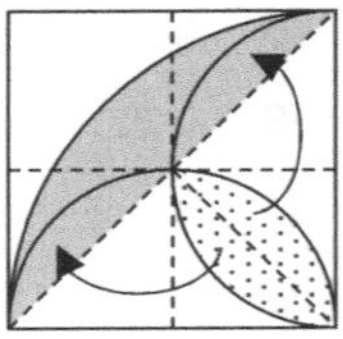

半径 10 cmの円の$\frac{1}{4}$の面積から，底辺と高さが 10 cmの三角形の面積を引けばよいから，

10×10×3.14×$\frac{1}{4}$－10×10÷２＝28.5(㎠)

6　**【解き方】(１個の立方体の体積)×(立方体の個数)で求める。**

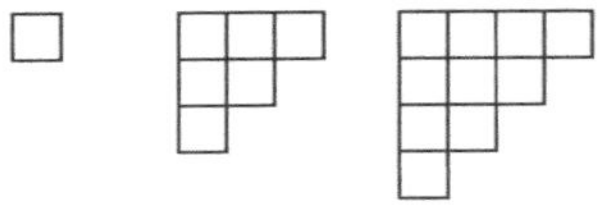

１個の立方体の体積は，２×２×２＝８(㎤)

各段を上から見ると右図のようになるから，立方体は全部で，

１＋６＋10＝17(個)ある。よって，全体の体積は，８×17＝136(㎤)

7　**【解き方】元の直方体の体積から，右図のうすい色の直方体の体積と，こい色の直方体の体積を引けばよい。**

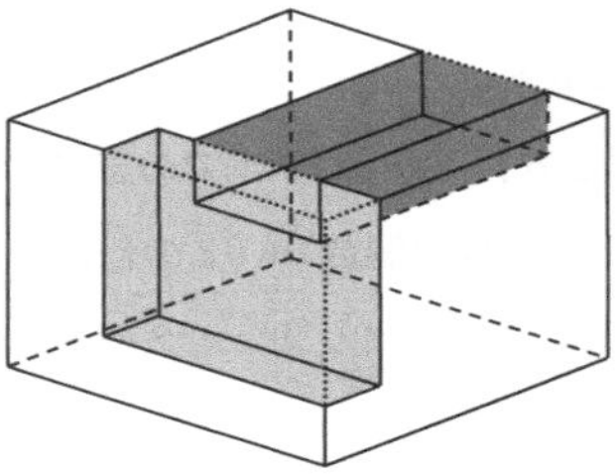

元の直方体の体積は，10×10×８＝800(㎤)

うすい色の直方体の体積は，(10－８)×(10－３)×６＝84(㎤)

こい色の直方体の体積は，８×(10－４－２)×２＝64(㎤)

よって，残りの立体の体積は，800－84－64＝652(㎤)

8 (1)　**【解き方】大きい位から順に数を選ぶとし，各位の選び方が何通りあるかを考える。**

百の位の数の選び方は，１，２，３，４の４通りある。十の位の数の選び方は，残ったのが３つの数だから３通りある。同様に，一の位は２通りある。百の位１通りごとに十の位の選び方が３通りあり，十の位１通りごとに一の位の選び方が２通りあるから，できる整数は全部で，４×３×２＝24(通り)

(2)　**【解き方】(1)と同様に計算するが，百の位には０を選べないことに注意する。**

百の位は０以外の３通り，十の位は残りの３通り，一の位は残りの２通りの選び方がある。

よって，できる整数は全部で，３×３×２＝18(通り)

9　**【解き方】図Ｂの左のサイコロの重なっている面の数を考える。**

２の面の向かいは７－２＝５の面，４の面の向かいは７－４＝３の面だから，図Ｂの左のサイコロで重なっている面の数は１か６である。１だとすると，右のサイコロの重なっている面の数が最大の６でも和が１＋６＝７にしかならないので，左のサイコロで重なっている面の数は６に決まる。したがって，右のサイコロの重なっている面の数は，８－６＝２である。よって，面アの数は５である。

10　**【解き方】ｎ段目にはｎ個の整数が並び，１段目の１から始まって右から順に数が並んでいる。**

５段目は右から順に 11，12，13，14，15 となり，６段目は右から順に 16，17，18，19，20，21 だから，６段目の左はしの数は 21 である。

たろうさんの気づいたことから，ｎ段目の左はしの数は１からｎまでの整数の和と等しくなることがわかる。

１から 10 までの整数の和は，１＋２＋３＋…＋10＝55(よく出る計算なので，暗記しておくとよい)だから，

10 段目以降の左はしの数は，10 段目が 55，11 段目が 55＋11＝66，12 段目が 66＋12＝78，13 段目が 78＋13＝91，14 段目が 91＋14＝105 である。よって，100 は 14 段目にある。

2021 解答例 令和３年度　★常葉大学附属常葉・橘・菊川中学校

《国　語》

一　①ふっこう　②けはい　③てんねん　④もよう　⑤ここのか　⑥もう　⑦さか　⑧まね

二　①期待　②観察　③季節　④意識　⑤情報　⑥関心　⑦態度　⑧喜

三　１．慣　２．現

四　①イ　②ア

五　①イ　②イ

六　①費　②段　③賛

七　問一．⑴エ　⑵特急　問二．A．つまらない　B．変わりたい　問三．部活／決められない　問四．目
問五．ひとりひとりの　問六．ウ　問七．吹奏楽部に入って、これまで以上に努力をする
問八．ベートーヴェンみたいな髪の男の先生　〔別解〕(教室のすみで)新入部員の指導をしていた先生

八　問一．A．エ　B．ア　C．ウ　問二．溶鉱炉　問三．検→険　問四．たくらみ／もくろみ
問五．種子／飲みこませる　問六．ウ　問七．ア

《算　数》

1　⑴７　⑵374　⑶341　⑷23　⑸4.014　⑹$\frac{18}{35}$　⑺$\frac{2}{9}$　⑻２

2　⑴108　⑵７　⑶4000　⑷2009　⑸15　⑹2250　⑺83.2　⑻５

3　⑴300　⑵①25　②２

4　①108　②36

5　右図

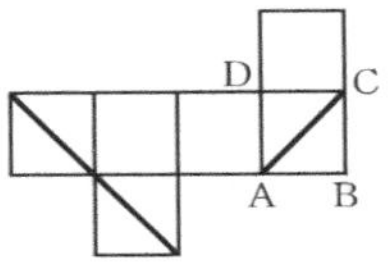

6　⑴6908　⑵225

7　⑴６　⑵10

8　⑴22　⑵33

9　⑴72　⑵9.6　⑶75.36

【算数の解説】

1　⑴　与式＝25－18＝７

⑶　与式＝420－(83－12÷３)＝420－(83－４)＝420－79＝341

⑹　与式$=\frac{13}{10}-\frac{11}{14}=\frac{91}{70}-\frac{55}{70}=\frac{36}{70}=\frac{18}{35}$

⑺　与式$=\frac{11}{27}\div\frac{11}{6}=\frac{11}{27}\times\frac{6}{11}=\frac{2}{9}$

⑻　与式$=3.5-\frac{1}{2}-1=3.5-0.5-1=2$

2　⑴　**【解き方】12 と 18 の最小公倍数は 36 だから，36 の倍数のうち，100 に最も近い数を考える。**

100÷36＝２余り 28 より，36×２＝72 と 36×３＝108 を比べると，108 の方が 100 に近いので，求める数は 108 である。

⑵　０より大きい整数を８で割ったときの余りは，０から７の整数となる。商と余りが０で等しくなるのは，割

られる数が０のときであり，これは条件に合わない。商と余りが１で等しくなるのは，割られる数が８×１＋１＝９のときであり，これは条件に合う。同様に，商と余りが２から７で等しくなる場合も，割られる数が条件に合うことがわかるので，商と余りが等しくなる整数は全部で７個ある。

(3)　１㎡＝１ｍ×１ｍ＝100 ㎝×100 ㎝＝10000 ㎠だから，0.4 ㎡＝(0.4×10000)㎠＝4000 ㎠

(4)　１日＝24 時間＝(24×60)分＝1440 分，９時間＝(９×60)分＝540 分，1740 秒＝$\frac{1740}{60}$分＝29 分だから，
与式＝1440 分＋540 分＋29 分＝2009 分

(5)　８は$\frac{2}{5}$の８÷$\frac{2}{5}$＝８×$\frac{5}{2}$＝20(倍)だから，求める数は，$\frac{3}{4}$×20＝15 である。

(6)　２割引きした値段は，元の値段の１－$\frac{2}{10}$＝$\frac{4}{5}$(倍)だから，求める値段は，1800÷$\frac{4}{5}$＝2250(円)である。

(7)　Ａ，Ｂ，Ｃの３人の合計点は，82×３＝246(点)　　Ｄ，Ｅの２人の合計点は，85×２＝170(点)
よって，５人の平均点は，(246＋170)÷５＝83.2(点)である。

(8)　針金１ｍあたりの重さは，25÷５＝５(ｇ)なので，針金xｍの重さは(５×x)ｇと表せるから，
xとyの関係を式で表すと，y＝５×xとなる。

3　(1)　10 時 20 分－10 時＝20 分間で６㎞＝6000ｍ進んだので，求める速さは，分速$\frac{6000}{20}$ｍ＝分速 300ｍである。

(2)①　**【解き方】シンゴさんはタクヤさんが休んでいる間に追いついたから，学校から６㎞進んだ位置で追いついたことがわかる。**
シンゴさんは 10 時 45 分－５分＝10 時 40 分に駅に着いたので，10 時 40 分－10 時 10 分＝30 分間で 12 ㎞進んだ。
よって，シンゴさんが６㎞進むのにかかる時間は 30×$\frac{6}{12}$＝15(分)だから，求める時刻は，10 時 10 分＋15 分＝10 時 25 分である。これはタクヤさんが休んでいる 10 時 20 分から 10 時 30 分の間なので，条件に合う。

②　**【解き方】シンゴさんが駅に着いたのは，タクヤさんが駅に着く５分前である。休んだあと(10 時 30 分から 10 時 45 分の間)のタクヤさんの速さから，タクヤさんが駅から何㎞離れていたかを求める。**
休んだあと，タクヤさんは 10 時 45 分－10 時 30 分＝15 分間で 12－６＝６(㎞)進んだから，５分間で６×$\frac{5}{15}$＝２(㎞)進んだ。よって，シンゴさんが駅に着いたとき，タクヤさんは駅から２㎞離れている。

4　**【解き方】右図のように記号をおく。五角形の内角の和は，三角形３つの内角の和に等しいから，180°×３＝540°である。**

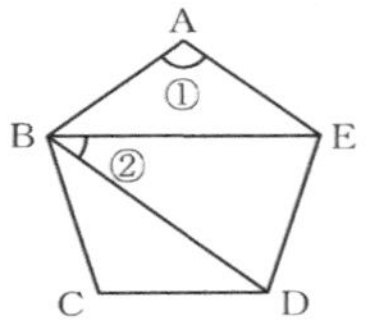

正五角形の１つの内角の和は，540°÷５＝108°だから，①の角度は 108°である。
三角形ＡＢＥは，ＡＢ＝ＡＥの二等辺三角形だから，角ＡＢＥ＝(180°－108°)÷２＝36°
同様に，三角形ＣＢＤについて，角ＣＢＤ＝36°とわかるから，②の角度は，
角ＡＢＣ－角ＡＢＥ－角ＣＢＤ＝108°－36°－36°＝36°である。

5　**【解き方】展開図に対応する記号を書きこむ。**

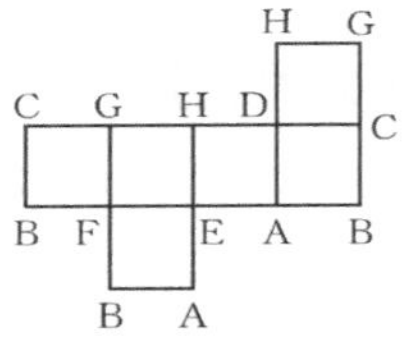

書きこむと右図のようになる。ここから，直線ＡＣ，ＡＦ，ＣＦをひくことで解答例のようになる。

6　(1)　半径が 20÷２＝10(㎝)，高さが 22 ㎝の円柱だから，体積は，10×10×3.14×22＝2200×3.14＝6908(㎤)

(2)　**【解き方】正面から見える図形を底面とすると，高さが５㎝の角柱である。**

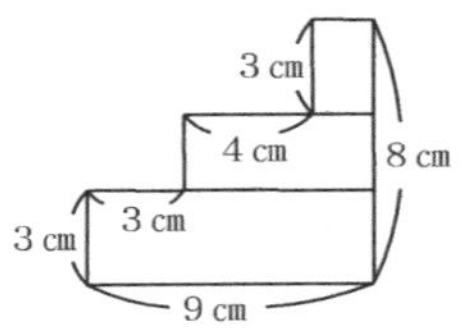

正面から見える図形について，右のように作図すると，この面積は，
３×９＋(８－３－３)×(９－３)＋３×(９－３－４)＝27＋12＋６＝45(㎠)
よって，求める体積は，45×５＝225(㎤)

7　(1)　①→②→③の順に色をぬるとすると，①のぬり方は赤，青，黄の３通り，②のぬり方は①でぬった色以外の２通り，③のぬり方は①，②でぬった色以外の１通りある。よって，全部で３×２×１＝６(通り)ある。

⑵　**【解き方１】図を用いて考える。**

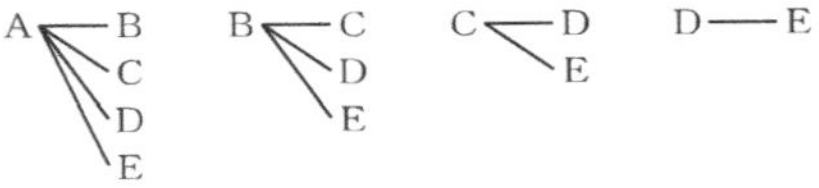

５人をそれぞれA，B，C，D，Eとすると，右図より，２人の選び方は全部で10通りある。

【解き方２】選び方に順番はないから，右の「組み合わせの数の求め方」を用いる。

５人から２人を選ぶので，

選び方は全部で$\frac{5\times4}{2\times1}=10$(通り)ある。

> **組み合わせの数の求め方**
>
> 異なる10個のものから順番をつけずに３個選ぶときの組み合わせの数は，
>
> 全体の個数　選ぶ個数
>
> $\frac{⑩\times9\times8}{③\times2\times1}=120$(通り)
>
> 選ぶ個数　選ぶ個数
>
> つまり，異なるn個からk個選ぶときの組み合わせの数の求め方は，$\frac{\text{(n個からk個選ぶ順列の数)}}{\text{(k個からk個選ぶ順列の数)}}$

8　**【解き方】マッチの必要本数は，正方形１個のときは４本，２個のときは７本，３個のときは10本，…と，１個増えるごとに３本ずつ増えている。**

⑴　正方形を７個つくるときは，正方形を１個つくるときよりも３×(７－１)＝18(本)多くのマッチが必要になるから，求める本数は，４＋18＝22(本)である。

⑵　正方形を１個つくるときよりも100－４＝96(本)多くマッチがある。よって，あと96÷３＝32(個)正方形をつくることができるから，求める個数は，１＋32＝33(個)である。

9　⑴　**【解き方】右図のように，底辺が４cm，高さが15cmの三角形と，底辺が７cm，高さが12cmの三角形にわけて考える。**

求める面積は，４×15÷２＋７×12÷２＝30＋42＝72(㎠)

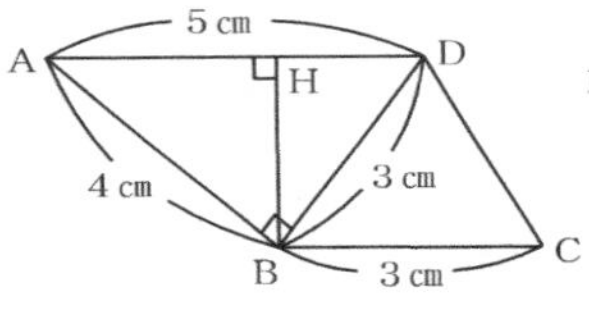

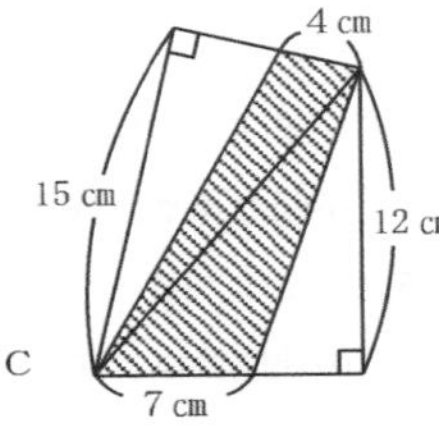

⑵　**【解き方】この台形の高さは，右図のBHである。三角形ABDの面積から，BHの長さを求める。**

三角形ABDの面積は，AB×BD÷２＝４×３÷２＝６(㎠)である。三角形ABDは，底辺をAD＝５cmとすると，高さがBHとなるので，BH＝６×２÷５＝2.4(cm)である。よって，求める面積は，(５＋３)×2.4÷２＝9.6(㎠)

⑶　**【解き方】斜線部分の周りの長さは，直径が８×２＝16(cm)の半円の曲線部分の長さと，直径が８cmの半円の曲線部分の長さの３倍と，直径が４cmの半円の曲線部分の長さの２倍の和である。**

求める長さは，16×3.14÷２＋(８×3.14÷２)×３＋(４×3.14÷２)×２＝(８＋12＋４)×3.14＝75.36(cm)

■ ご使用にあたってのお願い・ご注意

（1）問題文等の非掲載

著作権上の都合により，問題文や図表などの一部を掲載できない場合があります。

誠に申し訳ございませんが，ご了承くださいますようお願いいたします。

（2）過去問における時事性

過去問題集は，学習指導要領の改訂や社会状況の変化，新たな発見などにより，現在とは異なる表記や解説になっている場合があります。過去問の特性上，出題当時のままで出版していますので，あらかじめご了承ください。

（3）配点

学校等から配点が公表されている場合は，記載しています。公表されていない場合は，記載していません。

独自の予想配点は，出題者の意図と異なる場合があり，お客様が学習するうえで誤った判断をしてしまう恐れがあるため記載していません。

（4）無断複製等の禁止

購入された個人のお客様が，ご家庭でご自身またはご家族の学習のためにコピーをすることは可能ですが，それ以外の目的でコピー，スキャン，転載（ブログ，ＳＮＳなどでの公開を含みます）などをすることは法律により禁止されています。学校や学習塾などで，児童生徒のためにコピーをして使用することも法律により禁止されています。

ご不明な点や，違法な疑いのある行為を確認された場合は，弊社までご連絡ください。

（5）けがに注意

この問題集は針を外して使用します。針を外すときは，けがをしないように注意してください。また，表紙カバーや問題用紙の端で手指を傷つけないように十分注意してください。

（6）正誤

制作には万全を期しておりますが，万が一誤りなどがございましたら，弊社までご連絡ください。

なお，誤りが判明した場合は，弊社ウェブサイトの「ご購入者様のページ」に掲載しておりますので，そちらもご確認ください。

■ お問い合わせ

解答例，解説，印刷，製本など，問題集発行におけるすべての責任は弊社にあります。

ご不明な点がございましたら，弊社ウェブサイトの「お問い合わせ」フォームよりご連絡ください。迅速に対応いたしますが，営業日の都合で回答に数日を要する場合があります。

ご入力いただいたメールアドレス宛に自動返信メールをお送りしています。自動返信メールが届かない場合は，「よくある質問」の「メールの問い合わせに対し返信がありません。」の項目をご確認ください。

また弊社営業日（平日）は，午前９時から午後５時まで，電話でのお問い合わせも受け付けています。

2025春

株式会社教英出版

〒422-8054　静岡県静岡市駿河区南安倍３丁目12-28

TEL　054-288-2131　　FAX　054-288-2133

URL　https://kyoei-syuppan.net/

MAIL　siteform@kyoei-syuppan.net

教英出版　2025年春受験用　中学入試問題集

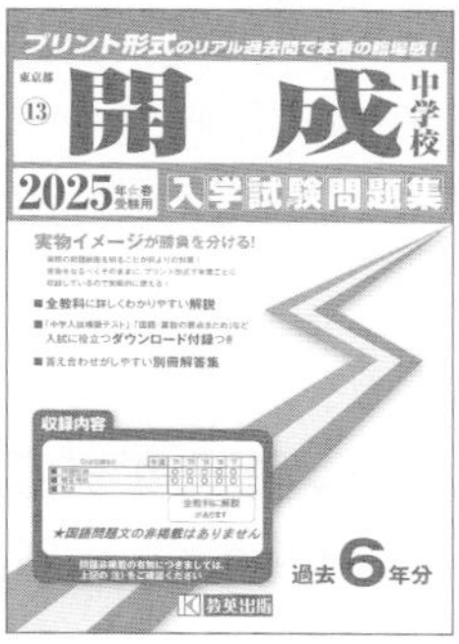

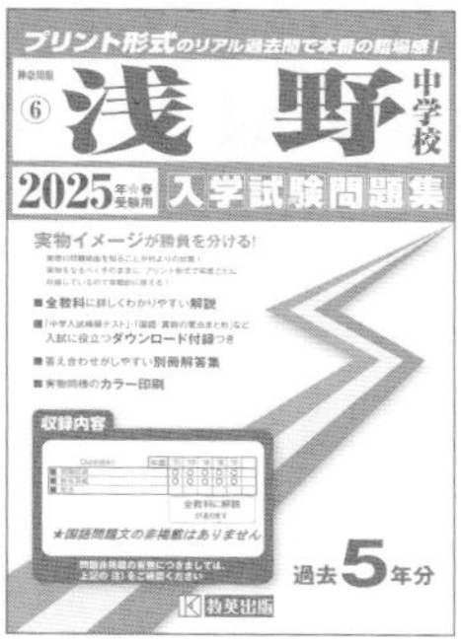

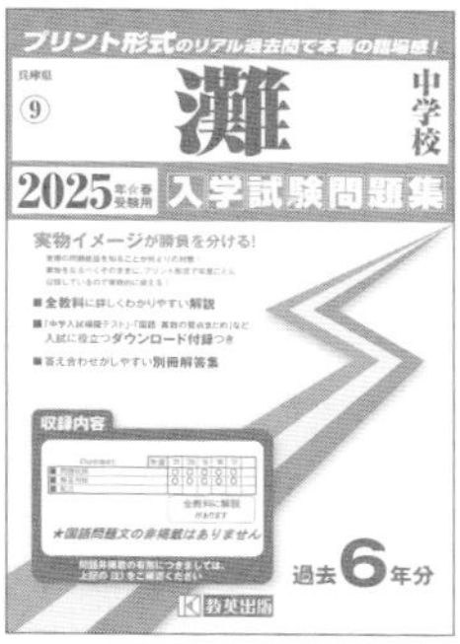

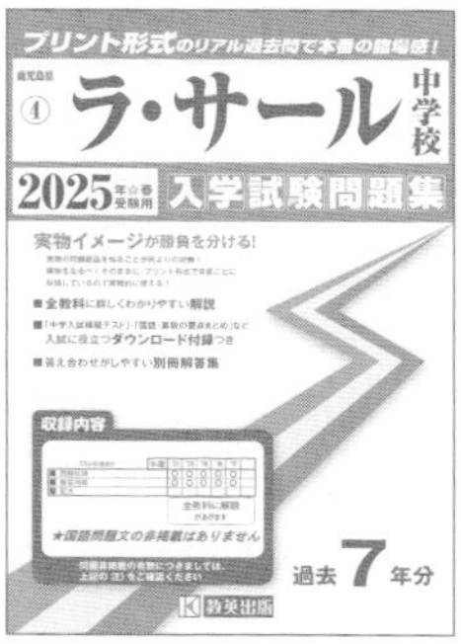

学校別問題集

✿はカラー問題対応

北海道

①[市立]札幌開成中等教育学校
②藤女子中学校
③北嶺中学校
④北星学園女子中学校
⑤札幌大谷中学校
⑥札幌光星中学校
⑦立命館慶祥中学校
⑧函館ラ・サール中学校

青森県

①[県立]三本木高等学校附属中学校

岩手県

①[県立]一関第一高等学校附属中学校

宮城県

①[県立]宮城県古川黎明中学校
②[県立]宮城県仙台二華中学校
③[市立]仙台青陵中等教育学校
④東北学院中学校
⑤仙台白百合学園中学校
⑥聖ウルスラ学院英智中学校
⑦宮城学院中学校
⑧秀光中学校
⑨古川学園中学校

秋田県

①[県立]
- 大館国際情報学院中学校
- 秋田南高等学校中等部
- 横手清陵学院中学校

山形県

①[県立]
- 東桜学館中学校
- 致道館中学校

福島県

①[県立]
- 会津学鳳中学校
- ふたば未来学園中学校

茨城県

①[県立]
- 日立第一高等学校附属中学校
- 太田第一高等学校附属中学校
- 水戸第一高等学校附属中学校
- 鉾田第一高等学校附属中学校
- 鹿島高等学校附属中学校
- 土浦第一高等学校附属中学校
- 竜ヶ崎第一高等学校附属中学校
- 下館第一高等学校附属中学校
- 下妻第一高等学校附属中学校
- 水海道第一高等学校附属中学校
- 勝田中等教育学校
- 並木中等教育学校
- 古河中等教育学校

栃木県

①[県立]
- 宇都宮東高等学校附属中学校
- 佐野高等学校附属中学校
- 矢板東高等学校附属中学校

群馬県

①
- [県立]中央中等教育学校
- [市立]四ツ葉学園中等教育学校
- [市立]太田中学校

埼玉県

①[県立]伊奈学園中学校
②[市立]浦和中学校
③[市立]大宮国際中等教育学校
④[市立]川口市立高等学校附属中学校

千葉県

①[県立]
- 千葉中学校
- 東葛飾中学校

②[市立]稲毛国際中等教育学校

東京都

①[国立]筑波大学附属駒場中学校
②[都立]白鷗高等学校附属中学校
③[都立]桜修館中等教育学校
④[都立]小石川中等教育学校
⑤[都立]両国高等学校附属中学校
⑥[都立]立川国際中等教育学校
⑦[都立]武蔵高等学校附属中学校
⑧[都立]大泉高等学校附属中学校
⑨[都立]富士高等学校附属中学校
⑩[都立]三鷹中等教育学校
⑪[都立]南多摩中等教育学校
⑫[区立]九段中等教育学校
⑬開成中学校
⑭麻布中学校
⑮桜蔭中学校
⑯女子学院中学校
✿⑰豊島岡女子学園中学校
⑱東京都市大学等々力中学校
⑲世田谷学園中学校
✿⑳広尾学園中学校(第2回)
✿㉑広尾学園中学校(医進・サイエンス回)
㉒渋谷教育学園渋谷中学校(第1回)
㉓渋谷教育学園渋谷中学校(第2回)
㉔東京農業大学第一高等学校中等部(2月1日 午後)
㉕東京農業大学第一高等学校中等部(2月2日 午後)

神奈川県

①[県立] 相模原中等教育学校
　　　　平塚中等教育学校
②[市立]南高等学校附属中学校
③[市立]横浜サイエンスフロンティア高等学校附属中学校
④[市立]川崎高等学校附属中学校
✿⑤聖光学院中学校
✿⑥浅野中学校
⑦洗足学園中学校
⑧法政大学第二中学校
⑨逗子開成中学校(1次)
⑩逗子開成中学校(2·3次)
⑪神奈川大学附属中学校(第1回)
⑫神奈川大学附属中学校(第2·3回)
⑬栄光学園中学校
⑭フェリス女学院中学校

新潟県

①[県立] 村上中等教育学校
　　　　柏崎翔洋中等教育学校
　　　　燕中等教育学校
　　　　津南中等教育学校
　　　　直江津中等教育学校
　　　　佐渡中等教育学校
②[市立]高志中等教育学校
③新潟第一中学校
④新潟明訓中学校

石川県

①[県立]金沢錦丘中学校
②星稜中学校

福井県

①[県立]高志中学校

山梨県

①山梨英和中学校
②山梨学院中学校
③駿台甲府中学校

長野県

①[県立] 屋代高等学校附属中学校
　　　　諏訪清陵高等学校附属中学校
②[市立]長野中学校

岐阜県

①岐阜東中学校
②鶯谷中学校
③岐阜聖徳学園大学附属中学校

静岡県

①[国立]静岡大学教育学部附属中学校
　　　　(静岡·島田·浜松)
② [県立]清水南高等学校中等部
　 [県立]浜松西高等学校中等部
　 [市立]沼津高等学校中等部
③不二聖心女子学院中学校
④日本大学三島中学校
⑤加藤学園暁秀中学校
⑥星陵中学校
⑦東海大学付属静岡翔洋高等学校中等部
⑧静岡サレジオ中学校
⑨静岡英和女学院中学校
⑩静岡雙葉中学校
⑪静岡聖光学院中学校
⑫静岡学園中学校
⑬静岡大成中学校
⑭城南静岡中学校
⑮静岡北中学校
⑯ 常葉大学附属常葉中学校
　 常葉大学附属橘中学校
　 常葉大学附属菊川中学校
⑰藤枝明誠中学校
⑱浜松開誠館中学校
⑲静岡県西遠女子学園中学校
⑳浜松日体中学校
㉑浜松学芸中学校

愛知県

①[国立]愛知教育大学附属名古屋中学校
②愛知淑徳中学校
③ 名古屋経済大学市邨中学校
　 名古屋経済大学高蔵中学校
④金城学院中学校
⑤椙山女学園中学校
⑥東海中学校
⑦南山中学校男子部
⑧南山中学校女子部
⑨聖霊中学校
⑩滝中学校
⑪名古屋中学校
⑫大成中学校
⑬愛知中学校
⑭星城中学校
⑮名古屋葵大学中学校
　(名古屋女子大学中学校)
⑯愛知工業大学名電中学校
⑰海陽中等教育学校(特別給費生)
⑱海陽中等教育学校(I·II)
⑲中部大学春日丘中学校
新刊⑳名古屋国際中学校

三重県

①[国立]三重大学教育学部附属中学校
②暁中学校
③海星中学校
④四日市メリノール学院中学校
⑤高田中学校
⑥セントヨゼフ女子学園中学校
⑦三重中学校
⑧皇學館中学校
⑨鈴鹿中等教育学校
⑩津田学園中学校

滋賀県

①[国立]滋賀大学教育学部附属中学校
②[県立] 河瀬中学校
　　　　守山中学校
　　　　水口東中学校

京都府

①[国立]京都教育大学附属桃山中学校
②[府立]洛北高等学校附属中学校
③[府立]園部高等学校附属中学校
④[府立]福知山高等学校附属中学校
⑤[府立]南陽高等学校附属中学校
⑥[市立]西京高等学校附属中学校
⑦同志社中学校
⑧洛星中学校
⑨洛南高等学校附属中学校
⑩立命館中学校
⑪同志社国際中学校
⑫同志社女子中学校(前期日程)
⑬同志社女子中学校(後期日程)

大阪府

①[国立]大阪教育大学附属天王寺中学校
②[国立]大阪教育大学附属平野中学校
③[国立]大阪教育大学附属池田中学校

- ④[府立]富田林中学校
- ⑤[府立]咲くやこの花中学校
- ⑥[府立]水都国際中学校
- ⑦清風中学校
- ⑧高槻中学校（A日程）
- ⑨高槻中学校（B日程）
- ⑩明星中学校
- ⑪大阪女学院中学校
- ⑫大谷中学校
- ⑬四天王寺中学校
- ⑭帝塚山学院中学校
- ⑮大阪国際中学校
- ⑯大阪桐蔭中学校
- ⑰開明中学校
- ⑱関西大学第一中学校
- ⑲近畿大学附属中学校
- ⑳金蘭千里中学校
- ㉑金光八尾中学校
- ㉒清風南海中学校
- ㉓帝塚山学院泉ヶ丘中学校
- ㉔同志社香里中学校
- ㉕初芝立命館中学校
- ㉖関西大学中等部
- ㉗大阪星光学院中学校

兵庫県

- ①[国立]神戸大学附属中等教育学校
- ②[県立]兵庫県立大学附属中学校
- ③雲雀丘学園中学校
- ④関西学院中学部
- ⑤神戸女学院中学部
- ⑥甲陽学院中学校
- ⑦甲南中学校
- ⑧甲南女子中学校
- ⑨灘中学校
- ⑩親和中学校
- ⑪神戸海星女子学院中学校
- ⑫滝川中学校
- ⑬啓明学院中学校
- ⑭三田学園中学校
- ⑮淳心学院中学校
- ⑯仁川学院中学校
- ⑰六甲学院中学校
- ⑱須磨学園中学校（第1回入試）
- ⑲須磨学園中学校（第2回入試）
- ⑳須磨学園中学校（第3回入試）
- ㉑白陵中学校
- ㉒夙川中学校

奈良県

- ①[国立]奈良女子大学附属中等教育学校
- ②[国立]奈良教育大学附属中学校
- ③[県立]
  - 国際中学校
  - 青翔中学校
- ④[市立]一条高等学校附属中学校
- ⑤帝塚山中学校
- ⑥東大寺学園中学校
- ⑦奈良学園中学校
- ⑧西大和学園中学校

和歌山県

- ①[県立]
  - 古佐田丘中学校
  - 向陽中学校
  - 桐蔭中学校
  - 日高高等学校附属中学校
  - 田辺中学校
- ②智辯学園和歌山中学校
- ③近畿大学附属和歌山中学校
- ④開智中学校

岡山県

- ①[県立]岡山操山中学校
- ②[県立]倉敷天城中学校
- ③[県立]岡山大安寺中等教育学校
- ④[県立]津山中学校
- ⑤岡山中学校
- ⑥清心中学校
- ⑦岡山白陵中学校
- ⑧金光学園中学校
- ⑨就実中学校
- ⑩岡山理科大学附属中学校
- ⑪山陽学園中学校

広島県

- ①[国立]広島大学附属中学校
- ②[国立]広島大学附属福山中学校
- ③[県立]広島中学校
- ④[県立]三次中学校
- ⑤[県立]広島叡智学園中学校
- ⑥[市立]広島中等教育学校
- ⑦[市立]福山中学校
- ⑧広島学院中学校
- ⑨広島女学院中学校
- ⑩修道中学校
- ⑪崇徳中学校
- ⑫比治山女子中学校
- ⑬福山暁の星女子中学校
- ⑭安田女子中学校
- ⑮広島なぎさ中学校
- ⑯広島城北中学校
- ⑰近畿大学附属広島中学校福山校
- ⑱盈進中学校
- ⑲如水館中学校
- ⑳ノートルダム清心中学校
- ㉑銀河学院中学校
- ㉒近畿大学附属広島中学校東広島校
- ㉓AICJ中学校
- ㉔広島国際学院中学校
- ㉕広島修道大学ひろしま協創中学校

山口県

- ①[県立]
  - 下関中等教育学校
  - 高森みどり中学校
- ②野田学園中学校

徳島県

- ①[県立]
  - 富岡東中学校
  - 川島中学校
  - 城ノ内中等教育学校
- ②徳島文理中学校

香川県

- ①大手前丸亀中学校
- ②香川誠陵中学校

愛媛県

- ①[県立]
  - 今治東中等教育学校
  - 松山西中等教育学校
- ②愛光中学校
- ③済美平成中等教育学校
- ④新田青雲中等教育学校

高知県

- ①[県立]
  - 安芸中学校
  - 高知国際中学校
  - 中村中学校

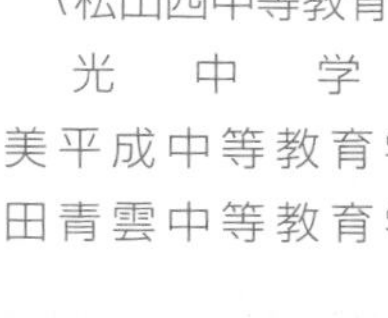

福岡県

①［国立］福岡教育大学附属中学校（福岡·小倉·久留米）

②［県立］
- 育徳館中学校
- 門司学園中学校
- 宗像中学校
- 嘉穂高等学校附属中学校
- 輝翔館中等教育学校

③西南学院中学校
④上智福岡中学校
⑤福岡女学院中学校
⑥福岡雙葉中学校
⑦照曜館中学校
⑧筑紫女学園中学校
⑨敬愛中学校
⑩久留米大学附設中学校
⑪飯塚日新館中学校
⑫明治学園中学校
⑬小倉日新館中学校
⑭久留米信愛中学校
⑮中村学園女子中学校
⑯福岡大学附属大濠中学校
⑰筑陽学園中学校
⑱九州国際大学付属中学校
⑲博多女子中学校
⑳東福岡自彊館中学校
㉑八女学院中学校

佐賀県

①［県立］
- 香楠中学校
- 致遠館中学校
- 唐津東中学校
- 武雄青陵中学校

②弘学館中学校
③東明館中学校
④佐賀清和中学校
⑤成穎中学校
⑥早稲田佐賀中学校

長崎県

①［県立］
- 長崎東中学校
- 佐世保北中学校
- 諫早高等学校附属中学校

②青雲中学校
③長崎南山中学校
④長崎日本大学中学校
⑤海星中学校

熊本県

①［県立］
- 玉名高等学校附属中学校
- 宇土中学校
- 八代中学校

②真和中学校
③九州学院中学校
④ルーテル学院中学校
⑤熊本信愛女学院中学校
⑥熊本マリスト学園中学校
⑦熊本学園大学付属中学校

大分県

①［県立］大分豊府中学校
②岩田中学校

宮崎県

①［県立］五ヶ瀬中等教育学校

②［県立］
- 宮崎西高等学校附属中学校
- 都城泉ヶ丘高等学校附属中学校

③宮崎日本大学中学校
④日向学院中学校
⑤宮崎第一中学校

鹿児島県

①［県立］楠隼中学校
②［市立］鹿児島玉龍中学校
③鹿児島修学館中学校
④ラ・サール中学校
⑤志學館中等部

沖縄県

①［県立］
- 与勝緑が丘中学校
- 開邦中学校
- 球陽中学校
- 名護高等学校附属桜中学校

もっと過去問シリーズ

北海道

北嶺中学校
7年分（算数・理科・社会）

静岡県

静岡大学教育学部附属中学校
（静岡·島田·浜松）
10年分（算数）

愛知県

愛知淑徳中学校
7年分（算数・理科・社会）
東海中学校
7年分（算数・理科・社会）
南山中学校男子部
7年分（算数・理科・社会）
南山中学校女子部
7年分（算数・理科・社会）
滝中学校
7年分（算数・理科・社会）
名古屋中学校
7年分（算数・理科・社会）

岡山県

岡山白陵中学校
7年分（算数・理科）

広島県

広島大学附属中学校
7年分（算数・理科・社会）
広島大学附属福山中学校
7年分（算数・理科・社会）
広島学院中学校
7年分（算数・理科・社会）
広島女学院中学校
7年分（算数・理科・社会）
修道中学校
7年分（算数・理科・社会）
ノートルダム清心中学校
7年分（算数・理科・社会）

愛媛県

愛光中学校
7年分（算数・理科・社会）

福岡県

福岡教育大学附属中学校
（福岡·小倉·久留米）
7年分（算数・理科・社会）
西南学院中学校
7年分（算数・理科・社会）
久留米大学附設中学校
7年分（算数・理科・社会）
福岡大学附属大濠中学校
7年分（算数・理科・社会）

佐賀県

早稲田佐賀中学校
7年分（算数・理科・社会）

長崎県

青雲中学校
7年分（算数・理科・社会）

鹿児島県

ラ·サール中学校
7年分（算数・理科・社会）

※もっと過去問シリーズは国語の収録はありません。

教英出版
〒422-8054
静岡県静岡市駿河区南安倍3丁目12−28
TEL 054-288-2131
FAX 054-288-2133
詳しくは教英出版で検索
教英出版　検索
URL https://kyoei-syuppan.net/

学　費

〈２ヶ月分の学費〉

約　　　定

何らかの事情で途中退室される受験生は、入室金・当月授業料・教材費は返金致しませんので、ご承知おき下さい。

学費（日曜進学教室の授業料は２ヶ月単位）

学年	学期	授業料（円）	テスト受験料（円）	2ヶ月分合計（円）
6年	第一期（２～３月）	４３，２００	0	４３，２００
	第二期（４～５月）	３３，８００	12,500模試（2回）チェック（1回）	４６，３００
	第三期（６～７月）	３８，６００	12,500模試（2回）チェック（1回）	５１，１００
	第四期（８～９月）	３６，３００	12,000模試（3回）	４８，３００
	第五期（10～11月）	２９，２００	16,000模試（4回）	４５，２００
	第六期（12～１月）	２４，２００	8,000（模試2回）	３２，２００
5年	第一期（２～３月）	３７，８００	0	３７，８００
	第二期（４～５月）	３０，２００	8,000（模試2回）	３８，２００
	第三期（６～７月）	３４，４００	8,000（模試2回）	４２，４００
	第四期（８～９月）	３４，４００	8,000（模試2回）	４２，４００
	第五期（10～11月）	３０，２００	8,000（模試2回）	３８，２００
	第六期（12～１月）	２６，０００	8,000（模試2回）	３４，０００

・初回申込時のみ入室金 17,800円がかかります。（兄弟姉妹が入室金を支払い済みの方は必要ありません）
　教材費６・５年8,200円（初回のみ/5・6年内容の合本です）
・途中入室の場合の授業料は残りの授業回数で計算します。
・上記金額には消費税が含まれております。
※学力チェックテスト（6年）を４月７日、６月23日に実施。国・算の弱点を分析し指導の資料とします。

教室案内・行事予定

1．**中学入試模擬テスト**
　小学校5.6年対象—国語・算数
　6年生14回　5年生11回

2．**受験科教室**
　小学校5.6年対象—国語・算数

3．**志望校別特訓クラス**　小学校6年対象

4．**清水南中受検総合適性クラス**
　静岡本部校　小学校6年対象

5．**志望校別模擬テスト（附属静岡・島田・雙葉）**
　小学校6年対象

6．**講　習　会（春・夏・冬）**

7．**問　題　集**
・国・私立中学入試問題集—静附・雙葉・英和・聖光・常葉・静学・橘・翔洋・不二聖心・サレジオ・西遠・浜松開誠館・暁秀・浜松西・清水南他
・面接試験受験の要領・面接試験の要領ＤＶＤ
・中学入試総まとめ　国語・算数

2024年度

創立６３年の伝統と実績
http://kyoeisha.jp
教英社

教英社 日曜進学教室

「合格おめでとう」この一言のために

●指導方針●

＊県内中学入試合格のための学習徹底指導

＊児童の視点に立ったわかりやすい授業

＊わかるまで教え学びあう親身な指導

中学入試に頻出の知識・技術の習得
県内中学の豊富な受験資料と情報を基にした進路指導

静岡本部校

静附・清水南・雙葉・サレジオ
不二聖心・暁秀・英和・聖光・翔洋
常葉・橘・静学・大成・静岡北　他

〒420-0031　静岡市葵区呉服町2-3-1
☎〈054〉252-3445

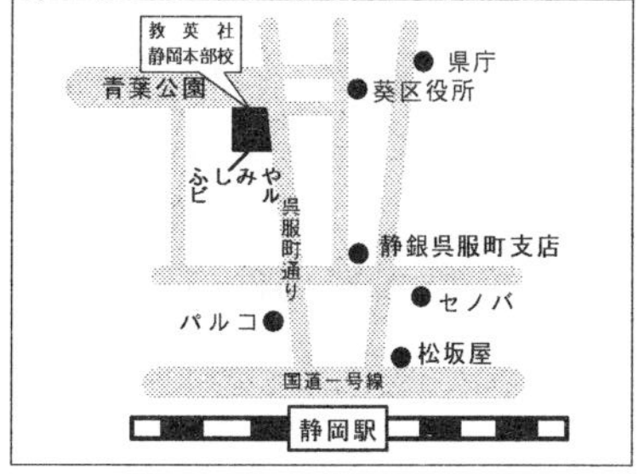

焼　津　校

静附・島附・雙葉
英和・聖光・明誠・翔洋
順心・常葉菊川・静学　他

〒425-0026　焼津市焼津1-10-29
☎〈054〉628-7254

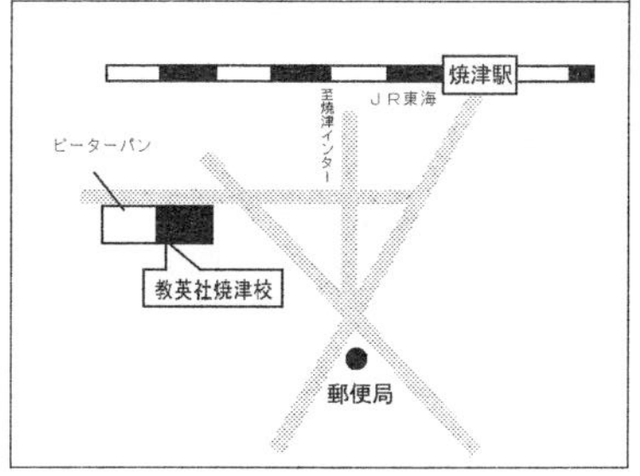

日曜進学教室の指導システム

日曜進学教室

理解を深め、定着させる５つのＳＴＥＰ

・県内中学受験に添った徹底指導
・志望校別の豊富な受験資料と情報

STEP 1 予習

当社で設定したカリキュラムに従い、毎週、次の日曜日に学習する項目に関して予習をしてきていただきます。これは、次の日曜日にどのようなことを学習するのか概要をつかみ、疑問点などを明確にしておくためのものです。

STEP 2 テスト

日曜進学教室では、毎週、テストを行います(30 分間)。予習範囲の学習内容がどの程度理解できているかを、児童自身が確認するためのテストであり、また、問題を解くことでさらに理解を深めていくための指導用のテストでもあります。(得点を競うためのテストではありません。)

STEP 3 解説授業

テスト終了後、解説授業を行います(50 分間)。テストのとき解けなかった問題や、間違えていたところを、その場で確認し、正しい理解へと導きます。また、正答を導きだすプロセスや、問題を解く上での注意点など、実践的解答法をたんねんに指導し、類似問題への応用力を養います。

STEP 4 復習

日曜進学教室終了後、ご自宅にて、同じ内容のテストをもう一度解いていただきます。解説授業での指導を思い起こしながら、間違えていたところを修正し、満点の答案を作成することで、日曜進学教室で学んだ指導内容の定着をはかります。〈満点答案の作成〉

STEP 5 模擬テスト

毎月の中学入試模擬テストの内容は、日曜進学教室の学習進度と並行しています。日曜進学教室で学習したことがどの程度理解できているかを、模擬テストを受験することで、客観的に判断できます。また、模擬テスト直後に解説授業が組みこまれているので、テストでの疑問点がすぐに解決できます。

1 **対象**　小学5･6年

2 **期間**　**5年生**　2024 年2月4日(日)～2025 年1月 12 日(日)
6年生　2024 年2月4日(日)～2025 年1月5日(日)

3 **時間**　9:00～12:00
模擬テスト(４月～)のあるときは　10:00～12:00…**中学入試模擬テスト**
13:00～15:30…**解説授業**

※静岡本部校は同内容の「土曜コース」があります。(詳細は別紙参照)
※焼津校の５年生は通常授業・模擬テスト・解説授業とも土曜日の実施となります。(祝日・講習会中は日曜日の実施)
※日曜進学教室生は、「中学入試模擬テスト」を必ず受験していただきます。
※日曜進学教室生(６年)は、年２回(４月７日、６月 23 日)「学力チェックテスト」を必ず受験していただきます。
※「中学入試模擬テスト」「学力チェックテスト」の詳細は別紙パンフレットをご覧ください。

キリトリ

2024 年度　小５・６　日曜進学教室　入室申込書

会員番号		フリガナ		在学校名
		生徒氏名	男 女	小学校
学年	生年月日	フリガナ		志望校名
年	年 月 日	保護者名		中学校
住所	〒 －			
電話番号	(　　) －	緊急連絡先	(　　) －	
受講会場 ○でかこんでください	1.静岡本部校	2.焼 津 校		入室日
	A 日曜(5.6年)コース B 土曜(5.6年)コース	A 日曜(6年)コース B 土曜(5年)コース		年 月 日より
入室金免除	他の講座入室時に支払い済	兄弟姉妹が入室金を支払い済		

※　既に教英社の会員証をお持ちの方は、太わくの部分のみご記入ください。

日曜進学教室生は、学費の中に、中学入試模擬テスト受験料も含まれております。テスト申込書は提出する必要はありません。
静岡本部校の土曜(5.6 年)コースは７月までの実施になります。夏期講習以降は日曜コースに参加していただきます。

6年生
5年生

2025年度中学入試用
静岡県中学入試模擬テスト

対象校
静大附属静岡・島田・浜松・不二聖心・日大三島・暁秀・星陵・富士見・サレジオ翔洋・大成・英和・雙葉・常葉・常葉橘・静岡学園・聖光・静岡北・城南藤枝明誠・順心・常葉菊川・磐田東・西遠・開誠館・浜松日体・浜松学芸聖隷・浜松学院・浜松修学舎・沼津市立・清水南・浜松西

入試直結の問題・確かなデータ

ポイント1　静岡県の中学受験を完全網羅

教英社の中学入試模擬テストは、静岡県で過去に出題された問題を中心に入試問題を研究し、翌年の静岡県の中学入試を予想して作成されたものです。

ポイント2　正確な合否判定資料

この模擬テストには、静岡県の中学受験を希望する方の大多数にご参加いただいていますので、個人成績表に示されたデータは、客観的に各受験者の合格判定をはかる確かなデータとなっています。

ポイント3　弱点把握・学習指針

当社独自に年間カリキュラムを作成し、中学入試に必要とされる学習項目をすべて試験にとり入れておりますので、年間を通じて受験していただければ、入試のためにどのような学習が必要か、自分の苦手なところはどこかなどを判断する上での参考にもなります。この模擬テストを目標に学習をすすめ、正確なデータにもとづき各自の学力の伸びを判断していけば、志望校合格への道は開けてくるはずです。

■ 実施日

6年生		
	① 2月12日(月・祝)	⑧ 9月15日(日)
	② 4月21日(日)	⑨ 10月6日(日)
	③ 5月19日(日)	⑩ 10月20日(日)
	④ 6月16日(日)	⑪ 11月3日(日)
	⑤ 7月21日(日)	⑫ 11月17日(日)
	⑥ 8月18日(日)	⑬ 12月1日(日)
	⑦ 9月1日(日)	⑭ 12月15日(日)

5年生		
	① 2月12日(月・祝)	⑦ 9月15日(日)
	② 4月21日(日)	⑧ 10月20日(日)
	③ 5月19日(日)	⑨ 11月17日(日)
	④ 6月16日(日)	⑩ 12月15日(日)
	⑤ 7月21日(日)	⑪ 1月5日(日)
	⑥ 8月18日(日)	

■ 会場・時間・受験料　※ 2/12のみ時間が異なります。(詳細は別紙参照)

学年(科目) / 会場	6年生　2科目(国・算)	5年生　2科目(国・算)
静岡本部校	10:00〜12:00　または　13:00〜15:00	
焼津校	10:00〜12:00	
受験料	**1回4,500円(税込)**。ただし、前もって無料模擬以外の5回以上をまとめて予約された方は1回4,000円(税込)で受験できます。実施日前日までにまとめてご予約された分のみ割引の対象となります。当日申し込み分は割引の対象とはなりませんのでご了承ください。予約日の変更はできませんのでご注意ください。 実施日前日までにご予約されていない方で、自宅での受験を希望される場合、問題用紙の**郵送料**が別途掛かりますのでご了承ください。 **※「予約」とは実施日前日までに受験料のお支払いがされていることです。電話でのお申込みは予約にはなりませんのでご注意ください。(※無料模擬除く)**	

■ 申し込み方法

① 教英社事務所での取り扱い(当日受付も承ります。ただし、初めて本テストを受験される方は、ご予約の上受験されることをお勧めします。)
② 現金書留(申込書を添えて郵送下さい。)
静岡本部校のみ
(注) 教英社現教室生は、授業料の中に模擬テスト受験料(教室生割引き金額)も含まれておりますので、申し込みの必要はありません。

■ 持ち物

筆記用具(シャープペンは不可)

■ 解説授業

教英社の現教室生は、実施日午後(13：00〜15：30)に行われる模擬テスト解説授業をテスト受験料プラス2,500円で受講できます。あらかじめ御予約ください。日曜進学教室生は申し込みの必要はありません。定員に達し次第締切ります。**模擬テストのみ・講習会受講のみの児童は参加できません。**

約　定

1 模擬テスト参加を受験料払込みのうえ予約された方で当日何らかの事情で欠席されても受験料は返金致しません。問題用紙を発送させて戴きますのでご自宅で解いて、解答用紙を小社宛に返送して下さい。採点後、成績表とともに郵送致します。
2 解説授業に申し込まれた方で、当日何らかの事情で欠席された場合、振り替え授業がありません。また、受講料も返金できませんのでご注意下さい。
3 答案の採点に当たっては四審し、万全を期しておりますが、万一採点ミスがありましたら恐れ入りますが小社宛返送して下さい。訂正後送料当社負担にて郵送させて戴きます。

教英社 KYOEISHA
http://kyoeisha.jp
静岡本部校　〒420-0031　静岡市葵区呉服町2-3-1　ふしみやビル5F　(054) 252−3445
焼津校　〒425-0026　焼津市焼津1-10-29　(054) 628−7254

キリトリ線

教英社　中学入試模擬テスト　申込書

※教英社の会員証をお持ちの方は**太枠部分のみ記入**して下さい。

会員番号	フリガナ / 本人氏名	男・女

生年月日	志望校名	保護者氏名
・　・		

在学校・学年	電話番号
小学校　年	〈　〉　−
	緊急連絡先
	〈　〉　−

住所	〒　−
会場	□ 静岡校　□ 焼津校
学年	□ 6年生　□ 5年生
時間	□ 10：00〜12：00 □ 13：00〜15：00(静岡校のみ)

受験月日の□に✔を入れて下さい。解説授業希望日は番号に○をつけてください。

受験日					
6年生	① 2/12(無料)		⑧ 9/15	□
	② 4/21	□	⑨ 10/6	□
	③ 5/19	□	⑩ 10/20	□
	④ 6/16	□	⑪ 11/3	□
	⑤ 7/21	□	⑫ 11/17	□
	⑥ 8/18	□	⑬ 12/1	□
	⑦ 9/1	□	⑭ 12/15	□
5年生	① 2/12(無料)		⑦ 9/15	□
	② 4/21	□	⑧ 10/20	□
	③ 5/19	□	⑨ 11/17	□
	④ 6/16	□	⑩ 12/15	□
	⑤ 7/21	□	⑪ 1/5	□
	⑥ 8/18	□		

模擬テスト　　回分　　円
現教室生のみ　(解説授業　　回分　　円)
を添えて申し込みます。

受験料……………………………1回　4,500円(税込)
5回以上…………………1回当たり　4,000円(税込)

※当日会場で申し込む方はこの申込書はいりません。

2025年度中学入試　模擬テスト出題範囲

・小6　9月以降の範囲（上段から1回目、2回目）

・前回までの内容はすべて、次のテストの出題範囲になります。

学年	教科	2月	4月	5月	6月	7月	8月	9月	10月	11月	12月	1月
6年生	国語	○5年までの総復習	○説明的文章 ○物語 ○漢字の音訓 ○漢字の部首・画数・筆順	○説明的文章 ○物語 ○送りがな・かなづかい ○文の組み立て	○説明的文章 ○詩 ○単語の種類	○説明的文章 ○随筆文 ○ことわざ ○慣用句 ○語句の意味と用法	○7月までの総復習	○説明的文章 ○物語 ○熟語	○説明的文章 ○物語 ○助詞・助動詞	○説明的文章 ○物語 ○敬語	○総合問題①	
								○説明的文章 ○随筆文 ○熟語	○説明的文章 ○随筆文 ○助詞・助動詞	○説明的文章 ○物語 ○敬語 ○文の書きかえ	○総合問題②	
		（漢字の読み書きは、8月までは5年生までの復習）										
	算数	○5年までの総復習 ○速さ	○正多角形と円 ○割合	○割合とグラフ ○文字と式	○分数のかけ算・わり算	○小数と分数の計算	○対称な図形 ○資料の整理	○8月までの総復習	○角柱・円柱の体積・表面積	○拡大図・縮図 ○比例・反比例	○総合問題①	
								○曲線のある図形	○比	○ならべ方組合せ	○総合問題②	
5年生	国語	○4年までの総復習	○説明文 ○物語 ○漢字の音訓 ○漢字の部首・画数・筆順	○説明文 ○物語 ○同訓異字・同音異義語 ○送りがな・かなづかい	○説明文 ○随筆文 ○熟語 ○同類語・反対語	○説明文 ○詩 ○言葉のきまり（主語・述語・修飾語）	○7月までの総復習	○説明文 ○随筆文 ○言葉の意味 ○ことわざ・慣用句	○説明文 ○伝記文 ○漢字・熟語のまとめ	○説明文 ○物語 ○言葉のきまり・言葉の意味のまとめ	○説明文 ○随筆文 ○言葉のきまり（敬語）	○総合問題
		（漢字の読み書きは、8月までは4年生までの復習）										
	算数	○4年までの総復習	○小数と整数	○合同な図形 ○比例	○体積	○小数のかけ算	○小数のわり算	○図形の角	○倍数・約数	○分数のたし算・ひき算	○単位量あたりの大きさ	○図形の面積

※ 6年生2月算数：正多角形と円、割合、割合とグラフを除く

	小　6	小　5
春期講習	3月21日(木)～4月2日(火) の8日間　予定	3月21日(木)～4月1日(月) の7日間　予定
夏期講習	7月29日(月)～8月22日(木) の14日間　予定	7月29日(月)～8月22日(木) の14日間　予定
冬期講習	12月23日(月)～1月3日(金) の8日間　予定	12月23日(月)～12月31日(火) の7日間　予定

詳しくはパンフレットをご請求ください。

バックナンバー受験制度

本年度に実施された「中学入試模擬テスト」で、すでに終了した回の「中学入試模擬テスト」をさかのぼって受験することができます。採点した答案とともに、その回の成績表をお付けします。復習、入試対策にご利用ください。（※「まとめて予約」の適用外となります）

1回分受験料　4,500円(税込)＋郵送料

自宅でテストが受けられます

お電話またはホームページのお問合せフォームよりお申込み下さい。

① 郵送にて問題用紙をお送りします。（実施日1~2日前後着予定）

② 解答用紙と受験票をご返送ください。

③ 到着後、採点集計し、テスト結果を返送いたします。

※受験料は同封の払込票で、問題用紙到着後1週間以内にお支払いください。

1回分受験料　4,500円(税込)＋郵送料

令和三年度

常葉大学附属中学校　入学試験問題
（常葉・橘・菊川）

（45分）

国語（その一）

一、次の――線部の漢字の読みをひらがなで書きなさい。

① 災害から復興する。　② 秋の気配がただよう。
③ 天然の資源を利用する。　④ 花模様のカーテンを買う。
⑤ 試験日は一月九日だ。　⑥ 質問コーナーを設ける。
⑦ 国が栄える。　⑧ 誕生日に友人を招く。

二、次の――線部のカタカナを漢字に直して書きなさい。

① 両親のキタイに応える。　② 朝顔をカンサツする。
③ 種をまくキセツだ。　④ 周囲の目をイシキする。
⑤ ジョウホウを集める。　⑥ 宇宙にカンシンを持つ。
⑦ 生活タイドがよい。　⑧ 父のヨロコぶ顔が見たい。

三、次の円の中の漢字は、中心の円のひらがなを送りがなとしています。部首を参考にして［　］に入る適切な漢字を完成させなさい。

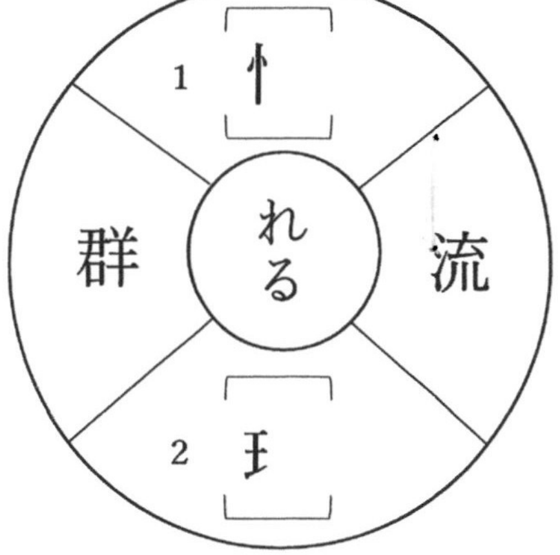

四、次の□と同じ使われ方をしているものをそれぞれ一つ選び、記号で答えなさい。

① 大きな犬に追いかけ［られる］。
ア ここから電話がかけられる。
イ 友達に声をかけられる。
ウ 校長先生が訪ねて来られる。

② 父は来月イギリスへ行く［そうだ］。
ア 妹は私立中学を受けるそうだ。
イ 祖父母はとても元気そうだ。
ウ ここは寒くてかぜをひきそうだ。

受験番号	氏名

五、次のことわざの正しい意味をそれぞれ一つ選び、記号で答えなさい。

① ぬかに釘《くぎ》
ア あと先を考えないおろかな行い
イ 手応《てごた》えがなくききめのないこと
ウ 物事がどんどんはかどること

② 豚《ぶた》に真珠《しんじゅ》
ア 似ていないようでいて、よく見ると似ていること
イ 貴重なものも価値のわからない人には無意味なこと
ウ 似合わないものを身につけても意味がないこと

六、次の□に、下の□の中のひらがなを漢字に直したものを入れ、①は対義語（反対の意味のことば）、②③は類義語（よく似た意味のことば）を完成させなさい。

① 生産 ↕ 消□
② 方法 ＝ 手□
③ 同意 ＝ □成

さん・ちょう・ひ
だん・かん・か

七、次の文章を読んで、あとの問いに答えなさい。

①「あんたって、ほんっとに、鈍行《どんこう》タイプだよね」

四つ年上の姉は、千鶴《ちづる》にそんなことを言う。

「絶対、脱線《だっせん》しない鈍行列車。特急みたいなスピードもスリルもなくて、いつも安全運転で、無難にレールの上を走ってるだけ」

特急タイプの姉の目に、千鶴はひどくつまらない子に映るのだろう。平凡《へいぼん》で無害なありふれた女の子。おなじ景色《けしき》のなかをいつものろのろ動きまわってる。

［A］、と自分でも思う。変わりたい。そう思う。中学に入って以来、その思いはますます強まった。

千鶴が体育系の部活にこだわったのは、「［B］」の一心からだった。ここで文化系の部活を選んでしまったら、このさきもずっと、自分はこれまでとおなじレールの上を走りつづけることになる。新しいわたし。いままでとはちがうわたし。部活は、そんな自分に生まれ変われる最大のチャンスなのだ。

そう思いながらも、②足をふみだす方向が定まらずにいたある日の放課後、吹奏楽《すいそうがく》部の見学につきあってほしいと、千鶴はしほりんにたのまれた。

「ひとりじゃ行きづらくて。お願い」

「もちろん」

音楽室の戸を開けた瞬間《しゅんかん》、その静寂《せいじゃく》をゆさぶる音がした。足もとからはいあがってくる低音。それがクラリネットの音色であることに、千鶴は室内を見まわしてから気がついた。

「見学？」

教室のすみで新入部員の指導をしていた先生が、千鶴としほりんに気がついた。

令和三年度　常葉大学附属中学校　入学試験問題

国　語（その二）

ベートーヴェンみたいな髪《かみ》の男の先生。でも、顔はあそこまでやばくない。

「あ、はい」

「よろしくお願いします」

　あわてて頭をさげたふたりに、「入っておいで」と手まねきする。ふたりが足をふみいれるなり、先生はぱんと両手を打って部員たちに呼びかけた。

「一年生が来たから、ちょっと聴《き》かしてやって」

　たちまち、パートごとの小さなかたまりがほぐれ、教室の中心に全員が集合した。先生の指揮棒《しきぼう》にたぐられて、その大きなかたまりから蒸気のようにメロディが立ちのぼる。最初はふんわりと。ひとつ、またひとつと音が増え、メロディがふくらむ。ふくらむ。ふくらむ。ひとりひとりのかなでる楽器が、重なることでその音色を深め、引きたて、美しいハーモニーを育てていく。

　砂浜《すなはま》の波が引いたあとで足もとの砂がすっと動くみたいに、千鶴の心は音のほうへと引きよせられた。曲が終わったときにはすっかり感動していた。なんの曲かもわからない。上手な感想だってひとことも言えなかったけれど、先生は「またおいで」と笑ってくれた。

「なんか、すごかったよね」

「うん。すごいよね、吹奏楽部。っていうか、中学生ってすごい！」

「ほんと、レベル高かった。小学校の鼓笛隊《こてきたい》なんて（　C　）じゃないね」

「（　C　）じゃない、（　C　）じゃない」

「③うちらも練習したらあんなふうになれるのかな」

　帰り道、野球部のときとは打ってかわって、ふたりのテンションは高かった。千鶴の感動がしほりんに、しほりんの興奮が千鶴にのりうつり、ふたりしてどんどん高まっていくみたいに。

「決めた。あたし、吹奏楽部に入る。千鶴もやろうよ」

　しほりんに誘《さそ》われるまでもなく、千鶴の気持ちも吹奏楽部へかたむいていた。

　放課後の音楽室にいる自分を、千鶴はたやすく想像できた。すぐに上達するほど器用じゃなくても、まじめに練習をつんで、着実に成長していく自分。仲間や先輩《せんぱい》たちともそれなりにうまくやっていく。ありありとイメージできる。④できすぎる。

「あのね、わたし……中学生になったら、変わりたいって、思ってたんだ」

　千鶴は初めてしほりんに打ちあけた。

「いままでとはちがう自分になりたくて。吹奏楽部は、すごくいいと思うし、すごくやってみたい。でも、それじゃ、いままでのわたしといっしょって気もして……」

「わかるよ。千鶴の気持ち」

「え」

「あたしも、そんなふうに思うことあるし」

「しほりんも？」

「うん。でも、それでもあたし、千鶴は千鶴らしいことをしたほうがいいと思う」

「そうかな」

「わざと自分らしくないことをするより、⑤千鶴は千鶴らしいことをして、いままでの千鶴以上にそれをがんばって、そのさきに、いままでとちがう千鶴がいるんじゃないのかな」

　千鶴は千鶴らしいことをして、いままで以上にそれをがんばって、そのさきに、いままでとちがう千鶴がいる――。

　千鶴はその言葉を吸いこんだ。とたん、夕焼け空が朝焼けみたいに光りかたを変えた。

「うん。そうかも。そうならいいな」

　すうっと肩《かた》から力がぬけた。

「ありがとう、しほりん。わたし、決めた。明日、仮入部届けもって、⑥ヴェンに会いにいくよ」

　鈍行列車でもかまわない。

　わたしはわたしの速度で行こう。

　そのさきにはきっと新しい、見たことのない景色が広がっているはず。

（森絵都『クラスメイツ〈前期〉』より
問題作成のため本文を一部省略したところがあります。）

問一　――線部①「あんたって、ほんっとに、鈍行《どんこう》タイプだよね」について、あとの問いに答えなさい。

（1）「鈍行タイプ」とは、千鶴がどのような人物であることを表していますか。最も適切なものを次の中から選び、記号で答えなさい。

ア　自分が決めた目標に向かって、まっすぐにつき進む人物。
イ　自分だけの世界や価値観を持ち、マイペースに行動する人物。
ウ　ひかえめだが、心の中では注目されたいと願っている人物。
エ　おだやかで目立たないが、こつこつ努力するまじめな人物。
オ　器用に物事をこなすことができ、最後までやりとげる人物。

（2）「鈍行」と反対の意味で使われていることばを文中からぬき出しなさい。

問二　［　A　］・［　B　］にあてはまることばを文中からそれぞれ五字でぬき出しなさい。

問三　――線部②「足をふみだす方向が定まらずにいた」とありますが、具体的にはどういうことですか。次の文の空らんにことばを入れ、言いかえなさい。

○（　　　　　）を（　　　　　）ということ

問四　（　C　）に共通して入る体の一部を漢字一字で書きなさい。

問五　――線部③「うちらも練習したらあんなふうになれるのかな」とありますが、「あんなふう」を最も具体的に説明している一文の初めの七字をぬき出しなさい。

問六　――線部④「できすぎる」とありますが、この表現から千鶴のどのような気持ちが読み取れますか。最も適切なものを次の中から選び、記号で答えなさい。

ア　友達に誘われるままに入部を決めることに抵抗《ていこう》を感じている。
イ　吹奏楽部での自分の成長ぶりが想像でき、入部を決意している。
ウ　以前の自分と何も変わらないのではないかと入部を迷っている。
エ　運動部で自分がいきいきと活動できるのかと不安に思っている。
オ　自分らしくいられる場所がすぐに見つかってわくわくしている。

問七　――線部⑤「千鶴は千鶴らしいことをして、いままでの千鶴以上にそれをがんばって」とありますが、具体的にはどういうことですか。解答らんの「～こと」に続くように答えなさい。

問八　――線部⑥「ヴェンに会いに行くよ」とありますが、「ヴェン」とはここではだれのことを指していますか。文中からぬき出しなさい。

八、次の文章を読んで、あとの問いに答えなさい。

「スイカの種を誤って飲みこんでしまうと、お腹の中で芽が生える」

そんなうわさをよく耳にする。果たしてこのうわさは本当だろうか。植物の種子の発芽に必要なのは水分、温度、酸素の三つの要因である。胃の中には十分な水分があるし、温度も高い。酸素だってあるだろう。（　A　）、本当にお腹の中で芽が出てしまうのだろうか。

もちろん、スイカの種を飲みこんだからといって、お腹の中で芽が出るようなことはないので心配はいらない。胃液の主成分は塩酸で、胃の中はあらゆるものを溶《と》かしてしまう溶鉱炉《ようこうろ》のような場所なのだ。とても芽を出すどころではない。生存することさえ難しいだろう。

ところがスイカの種は芽を出さないまでも、胃の中でも消化されることなく生き残る。スイカの種子は固く丈夫《じょうぶ》なガラス質でおおわれているので、強大な消化力を持つ胃でも消化されないのである。そしてスイカの種子は、①胃の中を無事に通りぬけるのである。

「誤って飲みこんだスイカの種が引っかかって※虫垂炎《ちゅうすいえん》になる」といううわさもある。このうわさはどうだろう。胃の中で芽を出さないにしても、細長いスイカの種が複雑に曲がりくねった腸を通りぬけられるのだろうか。盲腸《もうちょう》に引っかかって芽を出すことはないのだろうか。

もちろん、このうわさも迷信《めいしん》である。スイカの種子を飲みこんでしまっても、（　B　）心配することはない。複雑な腸も難なく通りぬけ、スイカの種子はあなたのうんちといっしょに必ずや体外への脱出《だっしゅつ》を果たすことだろう。

人間にとっては、誤ってたまたま飲みこんでしまったのかもしれないが、スイカの種にとっては人間のお腹に入ることは想定の範囲《はんい》内なのである。②なるほど、スイカの種子は誤って食べられる危険までも想定して、身を守る能力を身につけているのだ、と納得《なっとく》してしまうのは早い。実は、（　C　）食べられてしまうことこそが、スイカの③本当のねらいなのである。

（中略）

もちろん、スイカがなんの見返りもなく、果実を食べさせているはずはない。甘《あま》く熟《う》れたスイカにはあるたくらみがあるのだ。スイカの果実をむさぼり食べた動物や鳥は、スイカの種子も一緒に飲みこんでしまう。④これこそスイカのもくろみなのだ。そして、スイカはお腹の中を通りぬけ、糞《ふん》と一緒に体外へ出るのである。

植物は動物のように自由に動けないが、行動範囲を広げるチャンスが一つだけある。それが種子である。タンポポの種子は綿毛で風に乗って遠くへ飛んでいくし、オナモミの種子はとげとげした実で衣服に引っかかって遠くへ運ばれていく。スイカの種子が好んで鳥や動物の体内に入りたがる理由も、まさにここにある。スイカの種子は食べられて、動物や鳥にあちらこちらへ運ばれる。だから、スイカの種子は食べられなければいけないのだ。

もちろん、まんまと食べてもらったスイカの種が、胃の中で芽を出したり、盲腸に引っかかるようなヘマをするはずはない。それどころか、スイカの種子はできるだけゆっくり時間をかけて胃腸を通り、体内にとどまるようにしているという。そうすることで、少しでも（　⑤　）としているのだ。胃の中も腸の中も、まったく平気なのだ。なんという余《よ》裕《ゆう》だろう。

そう言えば、スイカ独特のしま模様も鳥や動物に見つかりやすいように発達したと言われている。そこまでしても、スイカは食べてもらいたいと思っていたのである。そう考えると、種を食べずに器用に吐《は》き出してしまう人間は、ずいぶん（　⑥　）存在だ。

（稲垣栄洋『「植物」という不思議な生き方』PHP研究所より
問題作成のため本文を一部変更したところがあります。）

※虫垂炎…お腹の病気

問一　（　A　）・（　B　）・（　C　）にあてはまることばとして適切なものを次の中からそれぞれ選び、記号で答えなさい。

ア　まったく　　イ　おそらく　　ウ　むしろ　　エ　まさか

問二　――線部①「胃の中を無事に通りぬけるのである」とありますが、「胃の中」は文中で何にたとえられていますか。文中から五字以内でぬき出しなさい。

問三　――線部②「なるほど、スイカの種子は誤って食べられる危険までも想定して、身を守る能力を身につけているのだ」の中にまちがって使われている漢字が一字あります。その字をぬき出し、正しく直しなさい。

問四　――線部③「本当のねらい」とほぼ同じ意味で用いられていることばを文中から二つ、五字以内でぬき出しなさい。

問五　――線部④「これ」が指す内容をまとめた次の文の空らんに適切なことばを入れなさい。

○動物や鳥に（　　　　　　）を（　　　　　　）こと

問六　（　⑤　）にあてはまる内容として最も適切なものを次の中から選び、記号で答えなさい。

ア　たくさんの種子をたくわえよう
イ　種子を大きく成長させよう
ウ　遠いところへ運んでもらおう
エ　消化にかかる時間を早めよう

問七　（　⑥　）にあてはまることばとして最も適切なものを次の中から選び、記号で答えなさい。

ア　迷惑《めいわく》な　　イ　不思議《ふしぎ》な　　ウ　便利な　　エ　意外な

9 次の問いに答えなさい。

(1)　図の　　　の部分の面積を求めなさい。

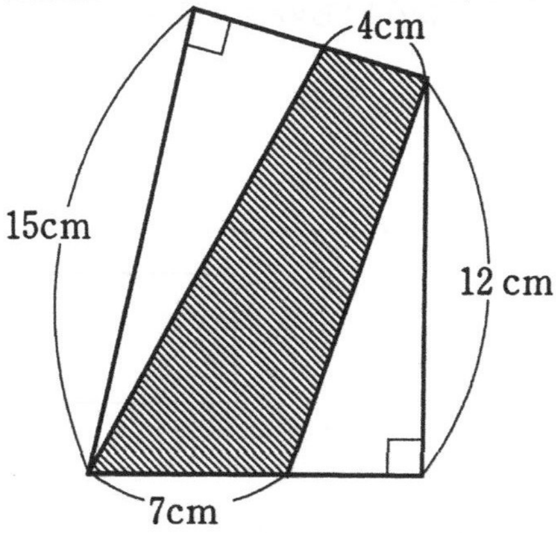

cm^2

(2)　四角形 ABCD は辺 AD と辺 BC が平行な台形です。
この台形の面積を求めなさい

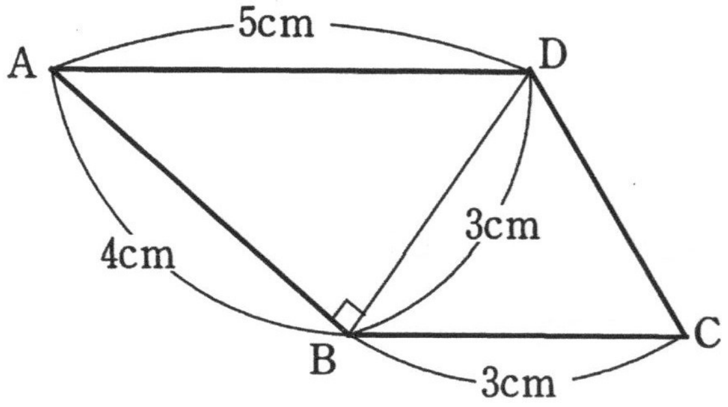

cm^2

(3)　右の図は大，中，小の３種類の半円を組み合わせてできた図形です。
図の　　　の部分の周りの長さを求めなさい。
円周率は 3.14 とします。

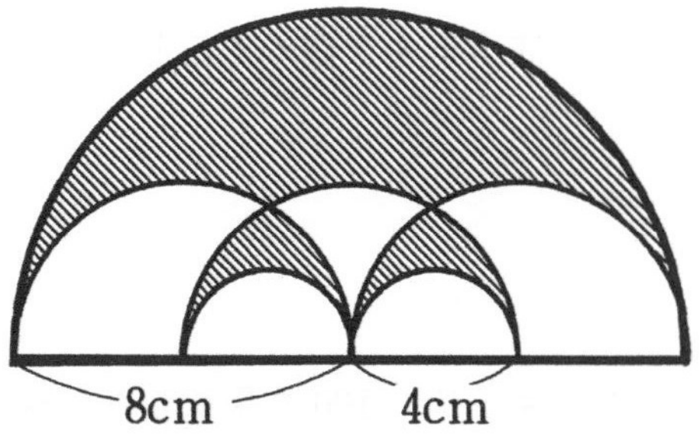

cm

令和３年度

常葉大学附属中学校　入学試験問題

算数

1. この用紙は，先生の合図があるまで，開いてはいけません。

2. 問題は７ページあります。どの問題から始めてもかまいません。

3. 試験時間は 45 分です。

4. 答えは，この用紙の　　　に直接，はっきりとていねいに書きなさい。

5. ２ページの右上に，受験番号，氏名を記入しなさい。

受験番号	氏　名	

得　点

（配点非公表）

1 次の計算をしなさい。

(1) $25-3\times6$

(2) $653-279$

(3) $420-\{83-(60-48)\div3\}$

(4) $1909\div83$

(5) 2.23×1.8

(6) $1\frac{3}{10}-\frac{11}{14}$

(7) $\frac{4}{9}\times\frac{11}{12}\div1\frac{5}{6}$

(8) $1.75\times2-\frac{1}{8}\times4-1$

(1)

(2)

(3)

(4)

(5)

(6)

(7)

(8)

7 次の問いに答えなさい。

(1) 赤，青，黄の3色を使って，下の図の①②③の部分をぬり分けます。全部で何通りのぬり分け方がありますか。ただし同じ色を使わないものとします。

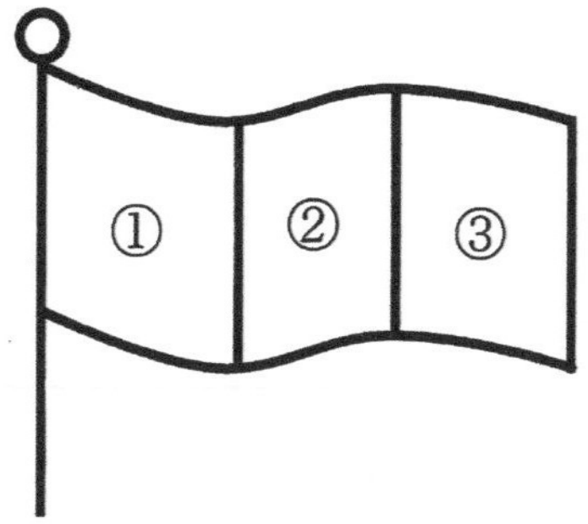

通り

(2) 5人から2人の図書係を選ぶ選び方は何通りありますか。

通り

8 同じ長さのマッチを並べて正方形をつくっていきます。

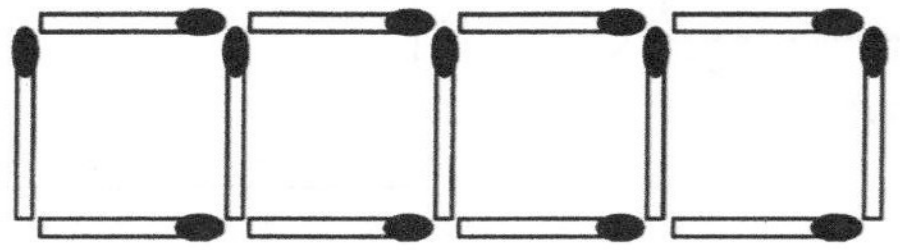

(1) 正方形を7個つくるとき，マッチは何本必要ですか。

本

(2) マッチを100本用意したとき，正方形は何個作れますか。

個

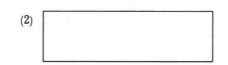

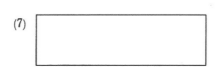

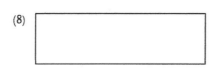

6 次の立体の体積を求めなさい。円周率は 3.14 とします。

(1) 円柱

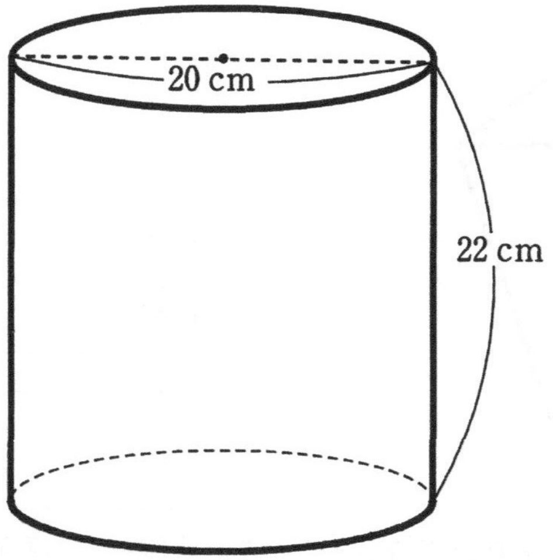

□ cm^3

(2) 直方体を組み合わせた形

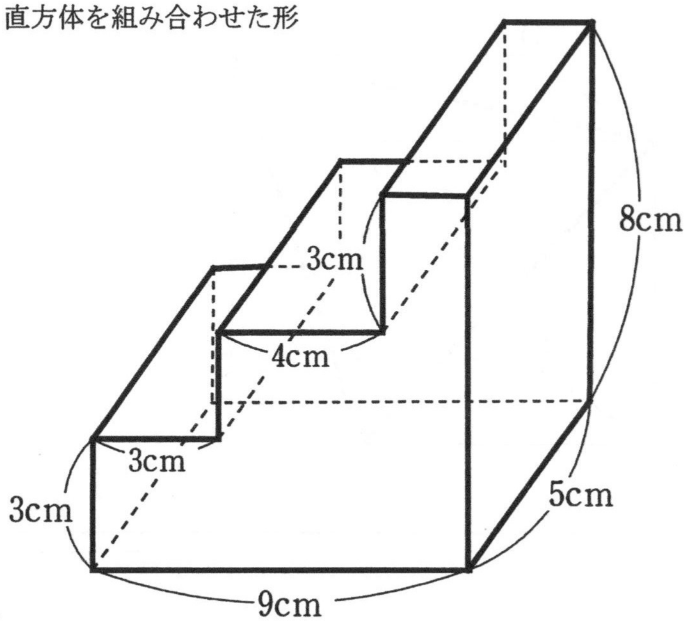

□ cm^3

2 次の□にあてはまる数を答えなさい。

受験番号	氏　　名

(1) 12 と 18 の公倍数の中で 100 に最も近い数は □ です。

(2) 0 より大きい整数の中で，
8 でわると，商とあまりが等しくなる整数は □ 個あります。

(3) 0.4 m^2＝ □ cm^2

(4) 1日 9 時間 1740 秒＝ □ 分

(5) $\frac{3}{4}$: $\frac{2}{5}$ ＝ □ : 8

(6) □ 円を 2 割引きした値段は 1800 円です。

(7) A，B，C，D，Eの 5 人が国語のテストを受けました。
A，B，C の 3 人の平均点は 82 点，D，E の 2 人の平均点は 85 点です。

5 人の平均点は □ 点です。

(8) 5 mの重さが 25 gの針金があります。この針金の長さを x m，重さを y g とします。

x と y の関係を式で表すと， y ＝ □ × x です。

3 タクヤさんとシンゴさんが，それぞれ自転車で学校から 12 km 離れた駅まで行きました。下のグラフは，タクヤさんの走ったようすを表したものです。シンゴさんは 10 時 10 分に学校を出発し，タクヤさんと同じ道を通って，一定の速さで走りました。とちゅう，タクヤさんが休んでいる間にシンゴさんはタクヤさんに追いつきましたが，そのまま駅まで走り続けました。次の問いに答えなさい。

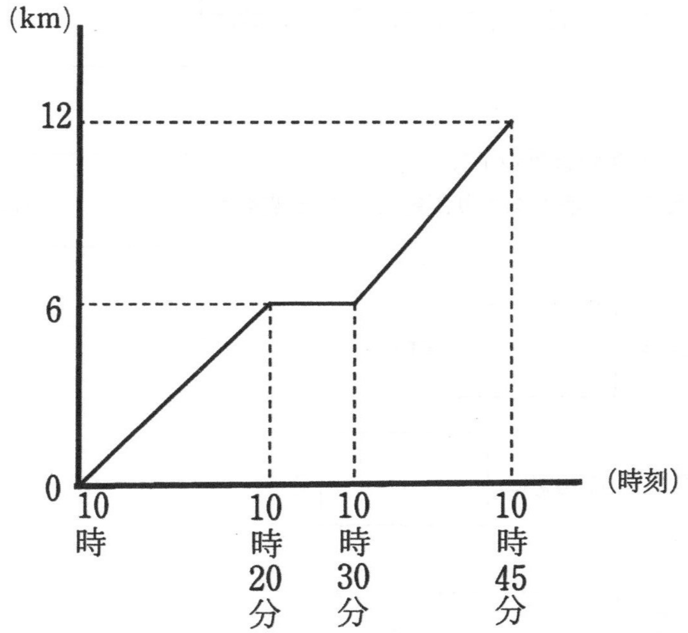

(1) 学校を出発してから休むまでのタクヤさんの速さは分速何mですか。

分速　　　　m

(2) シンゴさんは，タクヤさんより 5 分早く駅に着きました。

① シンゴさんがタクヤさんに追いついた時刻を求めなさい。

10時　　　　分

② シンゴさんが駅に着いたとき，タクヤさんは駅から何 km 離れていますか。

km

4 下の図は正五角形です。①と②の角度を求めなさい。

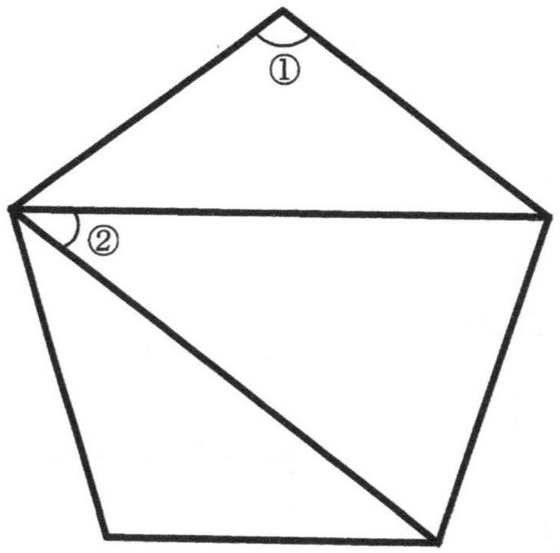

①　　　　度

②　　　　度

5 下の立方体の３つの頂点Ａ，Ｃ，Ｆを直線で結ぶとき，この直線を下の展開図に記入しなさい。

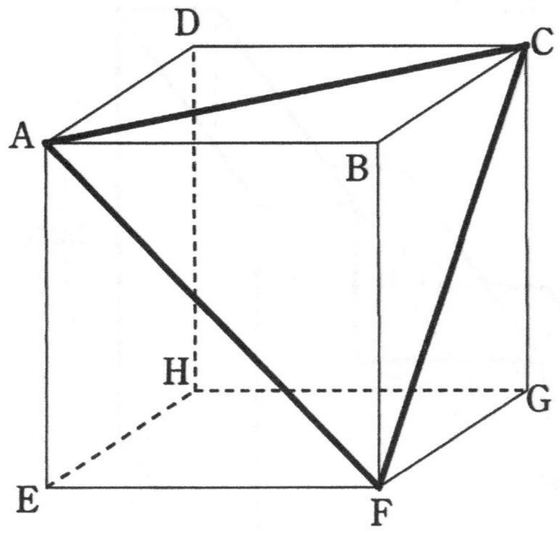

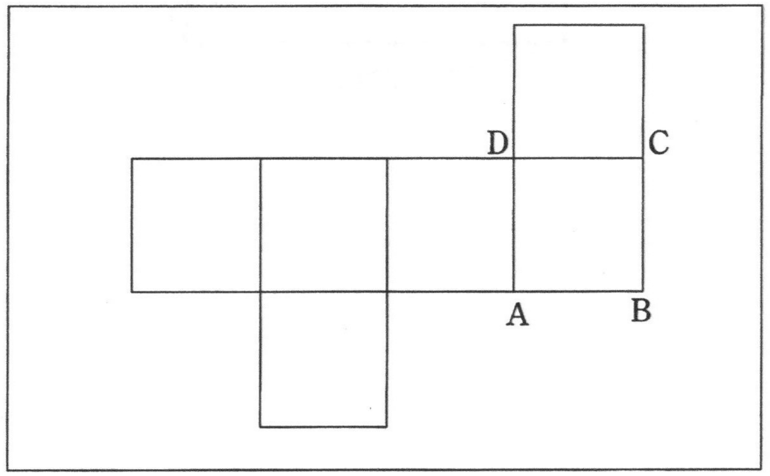

令和三年度 常葉大学附属中学校 入学試験 国語 解答用紙

受験番号　　番

氏名

得点　　点

（配点非公表）

一

① 復興
② 気配
③ 天然
④ 模様
⑤ 九日
⑥ 設ける（ける）
⑦ 栄える（える）
⑧ 招く（く）

二

① キタイ
② カンサツ
③ キセツ
④ イシキ
⑤ ジョウホウ
⑥ カンシン
⑦ タイド
⑧ ヨロコぶ（ぶ）

三

1 （れる）
2 （れる）

四

①
②

五

①
② 、

六

① 消
② 手
③ 成

七

問一 (1) (2)
問二 A B
問三 （　　）を（　　）ということ
問四
問五
問六
問七 こと
問八

八

問一 A B C
問二
問三 (誤)→(正)
問四 ・
問五 動物や鳥に（　　）を（　　）こと
問六
問七

令和四年度　常葉大学附属中学校　入学試験問題

国語（その一）　（45分）　（常葉・橘・菊川）

一、次の――線部の漢字の読みをひらがなで書きなさい。

①　今の心境を語る。　②　宿命のライバル。
③　名前を告げる。　④　まさに奇跡だ。
⑤　効率よく勉強する。　⑥　高価な絵画。
⑦　先生を志す。　⑧　専門家の意見。

二、次の――線部のカタカナを漢字に直して書きなさい。

①　ヒサしぶりに友人に会った。　②　物の名前をオボえる。
③　キセツの変わり目。　④　力のゲンカイを知る。
⑤　トクベツな才能の持ち主。　⑥　キョウミを持つ。
⑦　エイヨウバランスを考える。　⑧　雪がツもる。
⑨　静岡のヘイキン気温。　⑩　工作のザイリョウ。

三、次の言葉は四字熟語の一部です。□の中の漢字を正しく組み合わせて意味の通る四字熟語を作りなさい。

①　完全□□　②　□□絶命
③　□□実行　④　自画□□

自　対　参　言　欠　有　賛　無　体　絶

四、次の文の主語はどの言葉ですか。最も適切な部分を記号で答えなさい。

①　私の(ア)　祖父は(イ)　貴重な(ウ)　本を(エ)　持っている。(オ)

②　四月には(ア)　この場所にも(イ)　桜が(ウ)　舞《ま》う。(エ)

③　四つ(ア)　上の(イ)　姉も(ウ)　大学を(エ)　卒業し(オ)　家を(カ)　出た。(キ)

五、次のことわざの正しい意味をそれぞれ一つ選び、記号で答えなさい。

①寝耳《ねみみ》に水
ア　病気になること。
イ　突然《とつぜん》で驚《おどろ》くこと。
ウ　思い通りにいかないこと。

②鬼《おに》の目にも涙《なみだ》
ア　普段厳しい人にも情けをかける心があること。
イ　怖い人でも目への攻撃《こうげき》はひとたまりもないこと。
ウ　強い人が弱音を吐《は》くことは似合わないということ。

受験番号		氏名	

六、次の文章を読んで、あとの問いに答えなさい。

今回のケンカはタイミングが悪かった。絶交したまま冬休みに入ってしまい、しかも、あいつ、冬休みの初日から、お父さんが単身赴任《たんしんふにん》している札幌《さっぽろ》に家族で出かけてしまった。

顔を合わせないと仲直りはできない。ケンカから何日もたつと、ぶつかった理由がなんだったのかよく思いだせなくなって、ってことは「ごめんな」を言わなきゃいけないのが裕太なのかぼくなのかもわからなくなって、「じゃあオレから謝ったら負けだよなー」と思ってしまう。

年賀状、迷ったけど、裕太《ゆうた》には出さなかった。

だって絶交中だもん。『今年もよろしく』ってヘンだし、『去年はお世話になりました』なんて、もっとヘンだし。

あいつ、ぼくに出すのかな。だったらぼくの　A　だ。返事に『今年もよろしく』って、まあ、一言だけ、テキトーに書いてやってもいいけど。

冬休み三日目に年賀状を書き終えて、近所のポストに投函《とうかん》した。①はがきは一枚だけ余らせてある。でも、裕太から来なかったらムカつくよな、三学期からも絶交つづけなきゃな、お年玉の金額の比べっこしようぜってケンカの前には盛り上がってたんだけどな……なんてことを思いながら自転車をとばしていたら、同級生の香奈《かな》にばったり会った。女子に会っても無視、とふだんから決めているぼくはかまわずすれ違おうとしたけど、「ちょっとちょっと」と呼び止められた。

「……なんだよ、オレ、忙《いそが》しいんだよ」

「ねえ、知ってる？裕太くんのこと」

「うん？」

「あの子、転校しちゃうんだって」

「マジ？」

香奈のお母さんが、二学期が終わる少し前に裕太のお母さんから聞いた。お父さんはあと四、五年は札幌の支社に勤《つと》めることが決まったので、四月からお母さんと裕太も札幌に引っ越《こ》すことになった……らしい。

「ふーん、いいじゃん……札幌だと、ジンギスカン食えて。あと、ほら、ラーメンもあるし」

②無理やり笑った。でも、声が震《ふる》えた。香奈と目が合うと、なんかカッコ悪いことになってしまいそうだったから、そっぽを向いたまま自転車のペダルを踏《ふ》み込《こ》んだ。

次の日から、③ぼくは毎日、裕太の家のすぐ前にある公園に出かけた。夕コあげをして時間をつぶしながら、ちらちらと裕太の家のほう見た。

あいつが札幌から帰っていて、うまいぐあいに玄関《げんかん》から外に出て、あいつのほうから声をかけてきたら、「偶然《ぐうぜん》じゃーん」とナニゲに言ってやって、「転校するんだって？」とナニゲに聞いてやって……このパターンだったら仲直りしてやってもいいかな、って。

でも、裕太の家のドアは閉まったままだった。電話をかけてみようかとも思ったけど、こっちが先に謝るみたいで、やっぱりイヤだった。

大みそかの夕方……陽が暮《く》れるまで公園でねばっても、裕太は帰って来なかった。

二〇〇四年が終わる。

年越しそばを食べているとき、「どうした、なにボーッとしてるんだ？」とパパに言われた。

2022(R4) 常葉大学附属中
K 教英出版

国語（その二）

朝になった。二〇〇五年が始まった。でも、ぼくはしょんぼりしたまま、お年玉をもらっても元気が出ない。おぞうにをおかわりしなかったら、「おなかでも痛いの？」とママに心配そうに聞かれ、「なんでもないよ」と逃げるように自分の部屋に駆《か》け込んだ。

裕太はもう帰って来ないんだろうか。転校するのは四月だと言ってたけど、急に一月から転校することになったのかもしれない。だったらもう会えない。電話をかけてみればよかった。ケンカなんかしなきゃよかった。っていうか、ケンカしたあとすぐに仲直りすればよかった。「ごめん」って、「悪い」って、いまなら簡単に言えるのに。

「年賀状来てるぞー」と。パパに呼ばれた。

重い気分のままリビングに戻《もど》って、はがきを分けていたら……あった。

裕太からの年賀状、来てた。

『あけましてごめん』

って、ばーか、裕太。それにさ、『今年もよろしく』ってさ、あとちょっとしかないじゃん、④オレらの「今年」って……。

ダッシュでまた自分の部屋に戻って、とっておいたはがきに返事を書いた。

『A　HAPPY　NEW　こっちもごめん』

照れくさいけど。

なんか、自分でもへへへッと笑っちゃうけど。

ポストに入れたら時間がかかるので、直接、あいつの家の郵便《ゆうびん》受けに入れた。

そのまま公園でタコあげをしながら、ドアの開く瞬間《しゅんかん》を待った。やっぱりまだ帰ってないのかな。

ほんとうに、あいつとはもう遊べないのかな。

まぶたの裏《うら》が急に熱くなった。胸がどきどきして、息が詰《つ》まる。風に乗って空にのぼっていくタコをじっとにらみつけた。

きれいに晴れわたった青空に、ぼくのタコだけが浮かぶ。軽くジャンプしたら、タコにひっぱられて一緒《いっしょ》に空にのぼっていきそうだ。札幌まで飛んでっちゃうぞぉ、びっくりすんなよぉ、なんてくちびるをとがらせていたら、空にタコがもう一つ浮かんだ。するする、するする、と……ぼくのタコを追いかけるように空をのぼっていく。

驚《おどろ》いて振《ふ》り向いた瞬間、思わず「うわわっ」と声をあげそうになった。

裕太がいた。こっちを見て、やっと気づいたのかよばーか、というように得意そうに笑って、すぐに空の上のタコに目を移した。

ぼくも、ふんっ、と自分のタコを見つめる。

「きんが、しんねん」と裕太が言うので、「がしょーっ」と返事をしてやった。

そして、ぼくはタコを見つめたまま、一歩だけ、裕太に近づいた。

「おまえ、ずっと留守だっただろ」

「うん。ゆうべ帰ってきたんだ、札幌から」

また一歩、近づいた。なんとなく、あいつも同じように、こっちに近づいてきてるみたいだ。

「年賀状、ウチまで持って来たのかよ」

「……出すの忘れてたんだよ」

「オレ、おまえに出したっけか？」

なーに強がってんだよ、ばーか。

また一歩、また一歩。

「裕太、転校しちゃうってマジ？」

「うん……三月までこっちだけど」

また一歩、また一歩、また一歩……。

「遊びに来てもいいからな、札幌に」

いばるな、って。

「札幌って寒いじゃん」と言ってやった。

すぐになにか言い返してくるだろうと思っていたら、裕太はそれきり黙《だま》ってしまった。

やがて、裕太が B をすする音が聞こえてきた。

「遊びに行くから、マジ、死んでも行く」

あわてて言ったぼくの声も、 C 詰《つ》まりになってしまった。

ぼくたちはまた黙《だま》り込んだ。空に浮かぶタコを並んで見つめた。⑤二つのタコは同じ高さで風に揺《ゆ》れながら、ビミョーにくっついたり離《はな》れたりを、いつまでも繰《く》り返していた。

（重松清「あいつの年賀状」『はじめての文学　重松清』所収
文藝春秋刊より）

問一　 A 　には、「勝ち」「負け」の言葉のどちらかが入ります。適切な言葉を選び、答えなさい。

問二　――線部①「はがきは一枚だけ余らせてある」とありますが、それはなぜですか。文章中の言葉を使って答えなさい。

問三　――線部②「無理やり笑った。でも、声が震えた。」とありますが、このときの「ぼく」の気持ちとして次の中から最も適切なものを次の中から選び記号で答えなさい。

ア　裕太が転校することを知ってうれしく、舞い上がる気持ち。
イ　裕太が転校することを知ってがっかりし、おそれる気持ち。
ウ　裕太が転校することを知って強がるが、うろたえる気持ち。
エ　裕太が転校することを知って理解できず、泣きたい気持ち。
オ　裕太が転校することを知って悲しく、逃げ出したい気持ち。

問四　――線部③「ぼくは毎日、裕太の家のすぐ前にある公園に出かけた」とありますが、それはなぜですか。次の中から最も適切なものを次の中から選び記号で答えなさい。

ア　偶然《ぐうぜん》と見せかけて裕太に会い、仲直りのきっかけを作るため。
イ　転校を知ったことで謝る決心もつき、裕太の帰りを待つため。
ウ　謝る決心ができ、裕太に会うついでにタコあげを楽しむため。
エ　裕太の態度次第では許してやろうと思い、待ち合わせをするため。
オ　ケンカはどうでもよくなり仲直りとして一緒にタコあげをするため。

問五　――線部④『オレらの「今年」』とはいつまでか。解答らんに合うように答えなさい。

令和四年度　常葉大学附属中学校　入学試験問題

国　語（その三）

問六　[B]、[C]には同じ言葉が入ります。自分で考えて答えなさい。

問七　――線部⑤「二つのタコ」はなにを表していると考えられますか。解答らんに合うように自分で考えて答えなさい。

七、次の文章を読んで、あとの問いに答えなさい。

「人の話はわかったつもりになっていても、もう一度再生しろと言われたら、再生できないことがほとんどである」このことを忘れてはいけません。聞いただけでは、自分の身になっていない、吸収できていないということです。しかし実際は、私たちが話を聞くとき、①ほとんどは聞いただけの状態です。ですから私の授業では、初日に「私の話を二分で再現してください」という課題を与えるのです。

これが私の考えた②「再生方式」というやり方です。私はこの再生方式を、あらゆる授業で徹底《てってい》すべきだと考えています。たとえば、理科で万有引力の法則について先生が説明したら、それをもう一度生徒に言わせます。説明できればわかったということになります。明治維新《めいじいしん》はなぜ成功したのか、先生が二十分くらいで話したとします。その内容を三、四分で要約して話せれば、③それがわかったということです。二人一組で交互《こうご》に話せば、無駄《むだ》なく全員ができます。でも、そういう授業方式をとっている学校はほとんどありません。学生たち何千人に聞いても、そういう授業を受けた人はいませんでした。とてもシンプルで効果的なやり方なのに、実践《じっせん》しているところがない！というのが驚《おどろ》きです。

聞いただけでは記憶《きおく》は定着しません。[A]それを再生すれば、記憶に残るようになります。

[B]話すことによって定着するのです。[C]同じ話を二、三人に向かって続けざまに話すと、話は完全に定着します。言ってみれば、古典落語[※1]のようなものです。何度も話しているうちにうまくなる。

テレビを見ていても、時々、④自分の経験や人生ドラマをおもしろおかしく、上手に話す人がいます。その人の不遇《ふぐう》[※2]時代やそこからどう立ち直ったかという話など、ネタは同じですが以前聞いたことがあってもある程度面白《おもしろ》い。観客がいることによって、その反応を見ながら、受けるところ、受けないところを選別しているので、ストーリーとしてなかなか面白いものができ上がるのです。

お笑い芸人で、トークの名手といわれる明石家さんまさんなどは、仲間内でもどんどん話をしています。話して話して、その中で受けたものだけをテレビの前で話しているのです。だから面白い。話せば話すほど、ある意味うまくなっていって、記憶も定着していく。【　ア　】というのは、記憶法としては非常に良いやり方です。

私はこの再生方式による記憶定着術を、自分が中学生のときから実践していました。たとえば、社会科の教科書を友だちと二人で交互に一ページずつ読み合います。一ページ読んだら、それを聞いていた方が教科書を伏《ふ》せて説明をします。読んだ方は教科書を見ながら、抜《ぬ》けているところや用語を指摘《してき》していくわけです。

すると再生して話すことで、記憶が定着していきます。このやり方で一番大切なのは、「次に自分が話すのだ」と思って聞くことです。話すことを前提《ぜんてい》に聞くと、吸収《きゅうしゅう》力が何倍にもなります。だから聞く時の態度がとても大切です。聞き上手とは、それを[D]しろと言われたらできる人のことなのです。

（齋藤孝『話し上手　聞き上手』ちくまプリマー新書より）

※1　古典落語…日本の伝統的話芸である落語のうち、江戸時代から大正時代にかけて作られたもの。

※2　不遇…才能・人物にふさわしい地位や状況を得ていないこと。

問一　――線部①「ほとんどは聞いただけの状態」とはどういう状態のことですか。文章中から二十字以上二十五字以内で二か所抜《ぬ》き出し、解答らんに合うようにはじめと終わりの五字を答えなさい。

問二　――線部②「再生方式」についてあとの問いに答えなさい。

（1）これはどのようなやり方ですか。文章中の言葉を使って二十五字以内で答えなさい。

（2）この方式で大切なことは何ですか。抜《ぬ》き出して答えなさい。

問三　――線部③「それ」の内容を抜《ぬ》き出し十五字以内で答えなさい。

問四　[A]、[B]、[C]には次の言葉のいずれかが入ります。それぞれ最も適切なものを一つ選び、記号で答えなさい。

ア　つまり　イ　しかし　ウ　なぜなら　エ　だから　オ　もしくは

問五　――線部④「自分の経験や人生ドラマをおもしろおかしく、上手に話す人がいます」とありますが、それができるのはなぜですか。次の中から最も適切なものを選び、記号で答えなさい。

ア　観客の反応を見ながら、受けるところ、受けないところを選別しているから。

イ　その人の不遇《ふぐう》時代やそこからどう立ち直ったかを話のネタにしているから。

ウ　同じ話のネタでもそのネタそのものが面白く、聞き手を引きつけているから。

エ　以前に聞いたことがある話でも、有名なお笑い芸人の話に観客は喜ぶから。

問六　【　ア　】に入る最も適切な文を次の中から選び、記号で答えなさい。

ア　おもしろおかしく話す

イ　話を観客の前でする

ウ　同じ話を何回もする

エ　自分の経験を話す

問七　[D]にあてはまる言葉を文章中から抜《ぬ》き出して答えなさい。

2022(R4) 常葉大学附属中
K 教英出版

令和４年度

常葉大学附属中学校　入学試験問題

算数

1. この用紙は，先生の合図があるまで，開いてはいけません。

2. 問題は６ページあります。どの問題から始めてもかまいません。

3. 試験時間は 45 分です。

4. 答えは，この用紙の □ に直接，はっきりとていねいに書きなさい。

5. ２ページの右上に，受験番号，氏名を記入しなさい。

受験番号	氏　名	

得　点

（配点非公表）

1 次の計算をしなさい。

(1) $32 + 2 \times 10$

(1) □

(2) $1231 - 532$

(2) □

(3) $16 - \{12 - 4 \times (3 + 6) \div 6\}$

(3) □

(4) $448 \div 16$

(4) □

(5) 15.3×2.8

(5) □

(6) $2\frac{1}{4} - 1\frac{7}{10}$

(6) □

(7) $\frac{5}{12} \div 3\frac{1}{3} \times 5\frac{1}{3}$

(7) □

(8) $\frac{3}{10} \times 5 - 1 + 0.05 \times 4$

(8) □

9 【図A】のサイコロを2個使って【図B】のように並べました。重なっている面の目の和は8です。面アの数はいくつですか。算用数字で答えなさい。

【図A】

向かい合う面の目の和は7

【図B】

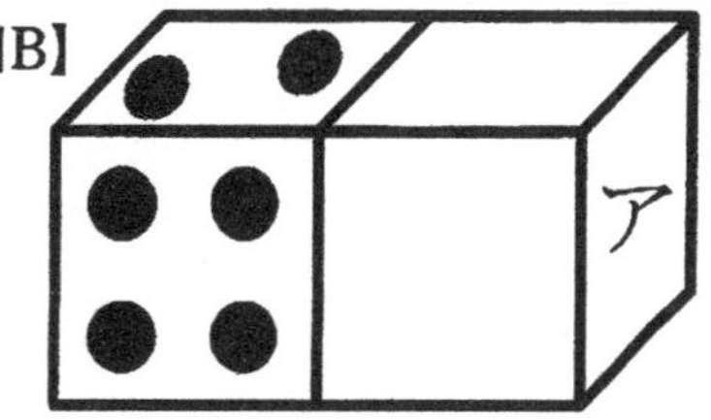

面アの数字は □

10 次の会話文を読んで，□に入る数字を答えなさい。

1段目		1		
2段目		3	2	
3段目	6	5	4	
4段目	10	9	8	7
⋮		⋮		
⋮		⋮		

たろうさん：上の図のように数字が並んでいるよ。
はなこさん：数字の並べ方に決まりがありそうだね。
はなこさん：そうだね。
　　続きを書いていくと，6段目の左はしの数は □ だね。
たろうさん：あ！左はしの数字を見てみると，
　　2段目は1＋2＝3，3段目は1＋2＋3＝6，4段目は1＋2＋3＋4＝10 だ。
たろうさん：ほんとだ。決まりがわかれば，7段目以降の数字の並びも分かりそうだ。
はなこさん：なるほど。では，100 は □ 段目にあるね。

6 下のように，一辺 2 cm の立方体が部屋のすみにすき間なく積まれています。
このとき，全体の体積は何 cm^3 か求めなさい。

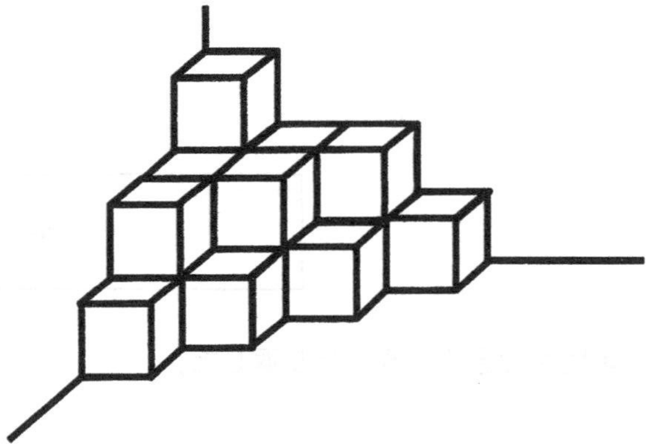

cm^3

7 縦 10 cm，横 10 cm，高さ 8 cm の直方体から，いくつかの直方体を取り除いたときの残りの立体の体積を求めなさい。

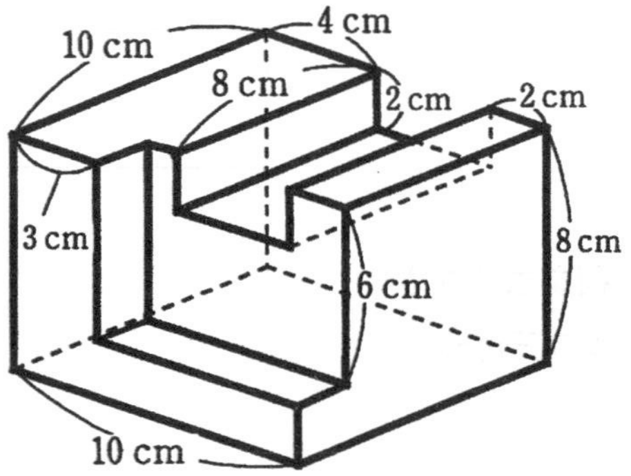

cm^3

8 4 つの数字を使って 3 けたの整数をつくります。一度しか同じ数字を使えません。
(1)，(2)の数字を使ってできる整数は，それぞれ何通りありますか。

(1)　1，2，3，4

通り

(2)　0，1，2，3

通り

2 次の □ に当てはまる数を答えなさい。

受験番号	氏　名

(1)　2 : 3 = 8 : □

(2)　定価 1200 円の 3 割引きは □ 円です。

(3)　時速 12 km ＝ 分速 □ m

(4)　A さんは算数のテストを 5 回受けました。それぞれのテストの点数は，82 点，75 点，87 点，68 点，83 点でした。平均点は □ 点です。

(5)　八角形の対角線の数は □ 本です。

(6)　1 から 60 までの整数の中で，2 でも 3 でもわりきれない数は □ 個あります。

(7)　じろうさんはある本を読んでいます。今までに全体の $\frac{3}{5}$ を読みましたが，まだ 92 ページ残っています。この本のページ数は □ ページあります。

(8)　2 つの歯車 A，B がかみあっていて，A の歯数は 24，B の歯数は 32 です。A が 20 回まわるとき，B は □ 回まわります。

3 さとしさんは，家から 6 km はなれた A 町へ歩いて行きました。30 分歩いてから休けいして，また同じ速さで歩きました。お兄さんは，さとしさんが出発してから 33 分後に自転車に乗って，分速 200 m の速さでさとしさんを追いかけました。グラフはそのときの時間と道のりの関係を表したものです。

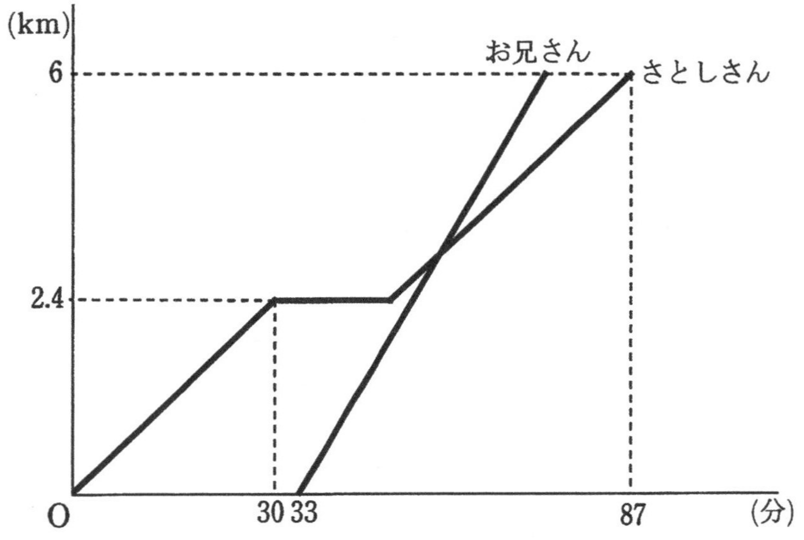

(1) さとしさんは，分速何 m で歩きましたか。

分速　　　　m

(2) さとしさんは，何分間休けいしましたか。

分間

(3) お兄さんがさとしさんに追いつくのは，さとしさんが出発してから何分後ですか。

分後

4 次の図形の色のついた角度を求めなさい。

(1) 正十角形の 1 つの内角。

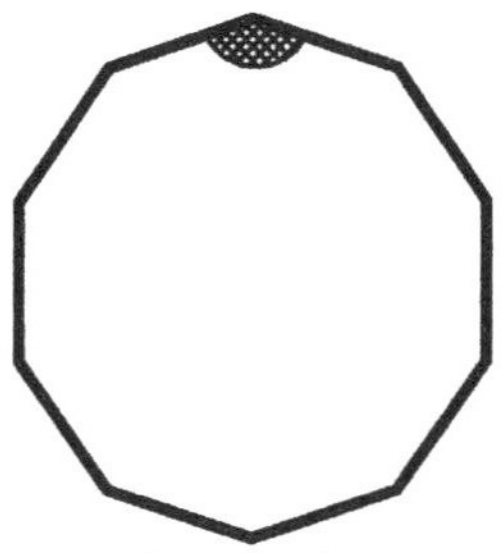

度

(2) 長方形の紙を，下の図のように 108° の角度ができるように折り返した。

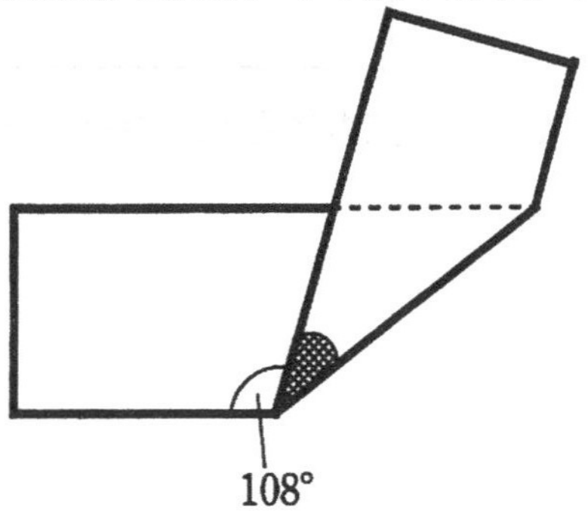

度

5 次の図形で，色がぬられた▨の部分の面積を求めなさい。

(1) 長方形の内側に接するようにかかれた 2 つの三角形。

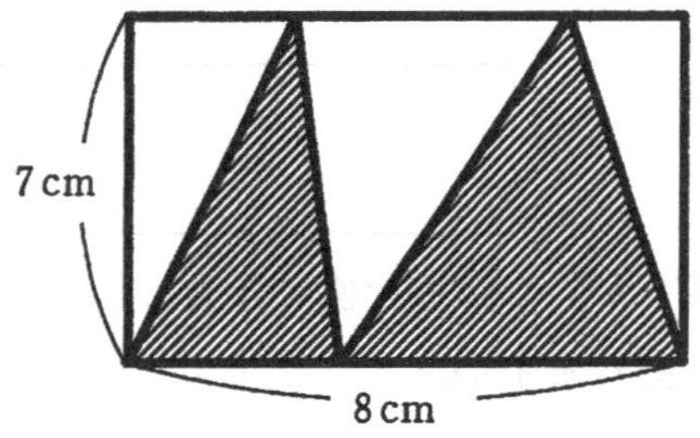

cm^2

(2) 正方形の内側にある半径 5 cm の半円 2 つと半径 10 cm の円の一部を重ねた図形。
※円周率は 3.14 とする。

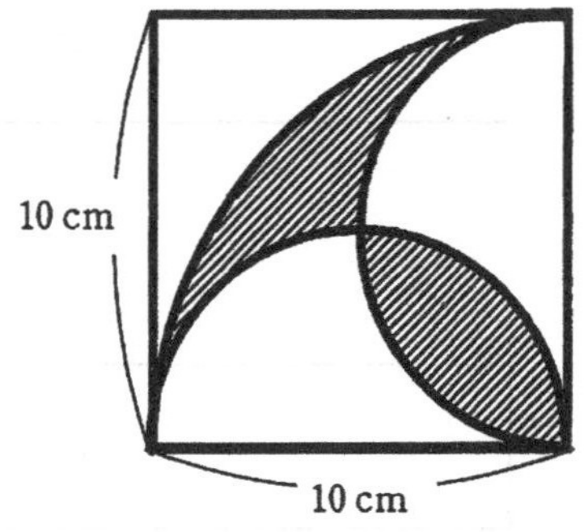

cm^2

令和四年度 常葉大学附属中学校 入学試験 国語 解答用紙

受験番号

番号

氏名

得点
点

（配点非公表）

一

① 心境　② 宿命　③ 告げる（げる）　④ 奇跡

⑤ 効率　⑥ 絵画　⑦ 志す（す）　⑧ 専門

二

① ヒサしぶり（しぶり）　② オボえる（える）　③ キセツ　④ ゲンカイ　⑤ トクベツ

⑥ キョウミ　⑦ エイヨウ　⑧ ツもる（もる）　⑨ ヘイキン　⑩ ザイリョウ

三

① 完全　② 絶命　③ 実行　④ 自画

四

①

②

③

五

①

②

六

問一

問二 、 、

問三 年 月

問四

問五

問六 と

問七

七

問一

ひとつめ 〜 という状態。

ふたつめ 〜 という状態。

問二

①

②

問三

問四

A

B

C

問五

問六

問七

令和五年度　常葉大学附属中学校　入学試験問題
（常葉・橘・菊川）

国語（その一）　(45分)

受験番号		氏名	

一、次の――線部の漢字の読みをひらがなで書きなさい。

① しばらくの間、家で待機する。　② 先生の指示で作業を進める。
③ アサガオの種が発芽する。　④ 練習不足を自覚する。
⑤ 味方を勝利に導く。　⑥ 室内の温度を一定に保つ。
⑦ 小鳥がえさに群がる。　⑧ 田畑を耕す。

二、次の――線のカタカナを漢字に直して書きなさい。

① イガイな結果を生む。　② 特急列車がツウカする。
③ カンシャの気持ちを伝える。　④ 日本のデントウ文化。
⑤ カンコウ客でにぎわう街。　⑥ 英会話がジョウタツする。
⑦ 道がだんだんケワしくなる。　⑧ 誕生日をイワう。

三、次の（　　）に入る二つの数を足した数を答えなさい。

(例)（ 一 ）石（ 二 ）鳥　答え：3

①（　）聞は（　）見にしかず
【意味：人から何度も聞くより、自分で見る方が確かだ。】

②（　）度あることは（　）度ある
【意味：物事はくり返されるものだ。】

③（　）転び（　）起き
【意味：何度失敗しても、あきらめずに挑戦すること。】

四、次の①～②の意味を表す慣用句を後から選び、記号で答えなさい。

①とても好きなこと
ア 目が高い　イ 目がない　ウ 目を光らす　エ 目もくれない

②得意になること
ア 鼻につく　イ 鼻を折る　ウ 鼻をあかす　エ 鼻にかける

五、次の文の□はどの部分をくわしく説明していますか。記号で答えなさい。

① ［もしも］　ア待ち合わせの　イ場所が　ウわからなければ　エ電話してね。
② ［ふと］　ア辺りを　イ見回すと　ウ友人の　エ姿が　オなかった。
③ ［昨年］　ア両親と　イ行った　ウキャンプ場に　エ今年は　オ友人と　カ行く。

六、次の文の□に対する主語を、それぞれ記号で答えなさい。あてはまるものがない場合は×を書きなさい。

① ア牧場には　イ美しい　ウ毛並みの　エ馬が　オたくさん　［いた］。
② ア窓ガラスが　イ割れた　ウ音に　エだれも　［気づかなかった］。
③ アとなりの　イクラスの　ウ太郎君は　エ頭が　オ良いと　［思う］。

七、次の文章を読んで、後の問いに答えなさい。

> 中学生になった「僕（直樹《なおき》）」は、野球部に途中《とちゅう》入部したが、先輩からも同級生からも孤立《こりつ》していた。ある日、右頰《ほほ》に傷あとのある友人「カナブン」に誘《さそ》われ、練習をさぼって森へ虫採りに出かけた。

「なあ」

背中でカナブンの声がした。

「おれのあだ名、なんでカナブンっていうか、教えてやろうか」

そういえば、さっき森のなかで木から足元に落ちたカナブンを見つけたとき、そのことが気になった。でも、なんとなく言い出せなかった。

「金崎文彦《かなさきふみひこ》だから、カナブン、じゃないのか?」

「いや、おれのあだ名は、名前からきてるわけじゃない。さっき見つけた、昆虫のカナブンからきてるんだ」

「へえ、そうなんだ」

カナブンは夕焼けでも眺《なが》めているように、しばらく黙《だま》っていたので、僕も空に目をやった。

「おれはさ、今もそうだけど、小さい頃《ころ》から、からだがちいさかった。それでよく仲間はずれにされた。（中　略）

なんだか、直樹が苗字《みょうじ》のことでいじめられてるのを見て、自分と似てるなと思った。おれも自分が小さく生まれたかったわけじゃねえし、好きで今の家にうまれたかったわけでもない」

「ああ」

僕は背中で聞いていた。

「今日みたいに虫採りに来たときのことさ。カブトムシやクワガタを採りに来て、カナブンしかいないと、みんながっかりするんだ。カナブンには、カブトムシのような立派な角はないし、クワガタみたいなかっこいい大きな顎《あご》もない。捕《つか》まえようとすれば、クソを漏《も》らして逃《に》げようとする。『なんだ、カナブンかよ』って相手にされない。嫌われ者で、だれもほしがらない。なんだか自分に似ているな、と思った。

ひとりで森に行って、カブトムシやクワガタが見つからないときのことさ。おれはそんなカナブンが憐《あわ》れに思えて捕まえたんだ。虫かごはカナブンでいっぱいになった。それを見たやつが気持ち悪がって、そのことを言いふらした。そういえばあいつは、カナブンに似ているとだれかが言って、おれはカナブンと呼ばれるようになった。――［ ① ］やつ、という意味でさ」

「でも、おまえは小さいけど、バック転もできるし、運動神経だっていいじゃないか」

僕は森を眺めながら口を挟《はさ》んだ。

「おれは、おれなりに努力したんだ。お袋《ふくろ》に親父《おやじ》のことを聞いたことがあるんだ。そしたら、『後ろ向きのとんぼ返りのうまい人だった』って言われた。②それくらいしか、親父のことは知らないんだ。だからおれ、何度も何度も練習して、やっとバック転ができるようになった。〝カナブン〟と呼ばれて馬鹿にされると、よくバック転した。バック転すると、嫌なことも忘れることができるような気がしてさ」

カナブンの肩が揺《ゆ》れて、笑ったようだった。

令和五年度　常葉大学附属中学校　入学試験問題

国語（その二）

「″カナブン″って呼ぶなって、どうして怒《おこ》らなかったんだ」

「怒ったよ。おまえみたいに最初はいやがった。抵抗《ていこう》もしたさ。そうしたらある日、木に登っているところを上級生に見つかってからかわれた。逃げようとして、木から落っこちたんだ。落ちたところに、切り株《かぶ》から伸《の》びた枝があって、頬《ほ》っぺたにぶすりさ。

　みんな逃げやがってよ。血が止まらなくてたくさん流れた。痛くて、悔《くや》しくて、泣きながらひとりで家に帰った。姉ちゃんに病院に連れていかれて、口のなかを何針も縫《ぬ》ったんだ。それが、このえくぼみたいな痕《あと》さ」

　カナブンの声に悔《くや》しさが滲《にじ》んだ。

　――そうだったんだ。

　③その場面を想像した僕は思わず顔をしかめた。

　ただ、こうも思った。そんなことといったら、野球部で余計者扱《あつか》いされている今の自分だって、カナブンじゃないか、と。

「[A]」

　僕は切り株から立つと、口に出して、そう言ってみた。

　カナブンは、ぷっとふきだした。

「[B]」

「[C]」

「[D]」

　僕はうなずいた。

　④認めてしまうと、なぜだか気が楽になった。それに金崎文彦のやつは、なんとなく自分に似ているとあらためて思った。けっこう気が短くて、運動能力は高いけど、集団行動というやつはかなり苦手だ。人に合わせることが下手で、それに我慢《がまん》の足りないところもある。

「でもな」

　とカナブンは話をつづけた。

「ある日、おれは森のなかですげーぇきれいなカナブンに出合ったんだ。全身が青緑色に光り輝《かがや》いているやつ。カシの木にとまっていて、手をのばしたけど、もう少しのところで届かなかった。宝石みたいにきれいなやつで、すぐにブーンって飛んでいっちまった。

　それからおれは、カナブンでいいと思うようになった。人にどう思われようが、自分は自分なんだって。だからカナブンと呼ばれても、ちっとも動じなくなった。自分からあだ名は″カナブン″と名乗るようにしたってわけさ」

「ふうん」

「おれはカナブンのなかでも、⑤光り輝くカナブンになる。そう決めたんだ」

　カナブンはまぶしそうに言うと、口をつぐんだ。

「そうか、そんなにきれいなカナブンがいるんだ?」

　僕の口元が自然とゆるんだ。

「ああ、いるよ。おれはカブトムシより、クワガタよりも、そのカナブンにもう一度会いたい」

　カナブンは右の頬に深いくぼみを刻んでいたが、笑っているわけではなかった。

「じゃあ、おれたちは同じカナブンだな。今度、その宝石みたいなやつを捕まえに、また森に来ようぜ」

　背中をまるめたカナブンが、薄い笑《え》みを浮かべていた。

　⑥そのとき僕は、たぶん自分で決めたのだと思う。人と同じであることにしがみつくのではなく、今いる場所ではないどこか別な世界を求めることを。かっこ悪くても、ひっくり返っても、もがきながら、もう一度カナブンのように起き上がり、飛び立てばいいのだと……。

　僕は、二匹目のカナブンになった。

（はらだみずき『帰宅部ボーイズ』より）

問一　[①] に当てはまるものとして最も適当なものを選び、記号で答えなさい。

ア　めずらしい　イ　にぎやかな　ウ　いらない　エ　よくばりな

問二　――線②「それくらいしか」の「それ」が指す内容を本文中から二十字以内でぬき出して答えなさい。ただし、句読点や記号も字数にふくまれます。

問三　――線③「その場面を想像した僕は思わず顔をしかめた」とありますが、その理由を説明した次の文の [　　] に当てはまる語句を本文中からぬき出して、文を完成させなさい。

◆「カナブン」という [①（三字）] で呼ばれることに抵抗しようとして、けがをしたカナブンの痛みや [②（三字）] に共感したから。

問四　[A] ～ [D] に当てはまる文章について、意味が通るようそれぞれ当てはまるものとして最も適当なものを選び、記号で答えなさい。

ア　ほんとに、そう思うのか?

イ　笑うなよ

ウ　それじゃあ、おれもカナブンだな

エ　思うよ、おれもカナブンだ

問五　――線④「認めてしまうと、なぜだか気が楽になった」とありますが、「僕」はどのようなことを「認め」たのですか。最も適当なものを選び、記号で答えなさい。

ア　野球部の仲間から孤立し、余計者扱いされているということ。

イ　苗字のことでいじめられ、不愉快《ふゆかい》な経験をしたということ。

ウ　周囲から認められようと努力してもむだだということ。

エ　運動能力は高いが、気が短くて集団行動は苦手だということ。

問六　――線⑤「光り輝くカナブン」は、何にたとえられていますか。本文中からぬき出して答えなさい。

問七　――線⑥「そのとき僕は、たぶん自分で決めたのだと思う」とありますが、「僕」は何を「決めた」のですか。その答えとして適当なものをすべて選び、記号で答えなさい。

ア　現状に満足せず、常に挑戦し続けること。

イ　人の目を気にせず、自分らしく生きること。

ウ　自分の意見を主張せず、周りに合わせること。

エ　失敗をおそれず、前を向いて生きること。

2023(R5) 常葉大学附属中
教英出版

令和五年度　常葉大学附属中学校　入学試験問題

国　語（その三）

八、次の文章を読んで、後の問いに答えなさい。

　腸の分野の研究は、便を扱うことが多いこともあり、専門家の間でも汚いと敬遠され、日陰者《ひかげもの》のように扱われてきたところがありました。

［　①　］、腸の働きを調べていけばいくほど、そのスケールの大きさ、奥の深さに圧倒されます。生命活動のあらゆる場面に深く関わり、私たちの健康、若さ、元気の源として働いている実態が見えてきます。汚いものを※1忌《い》み嫌《きら》ってきたことで②見落としてきた「真理」が、そこには確実に存在するのです。

　人生の主役のように振る舞っている（　1　）にしても、（　2　）が元気に働いていなければ、エネルギーも受け取ることができず、思うように成長できません。（　3　）という支えがあるからこそ、その機能をフルに発揮できるのです。

　いわゆる「頭のいい」人たちは、こうしたつながりが理解できず、それどころか、（　4　）のほうが最初に存在していた「大先輩」であることを忘れてしまっています。これでは、体調管理一つ、満足にすることはできないでしょう。結局のところ、（　5　）を※2粗末《そまつ》にしている人は、（　6　）も粗末にしているのです。

　たとえば、いまの社会で優秀だといわれている人のなかには、物事をつねに頭で処理しようとする人が少なくありません。③こうした人は、自分自身が心地よいと感じているのか、不快だと感じているのか、「体の声」を無視してしまいがちです。

　体の声の最たるものが、お腹の声、腸の声といってもいいでしょう。それは、むくみや血流障害となって現れます。ときにはお腹の痛み、あるいは下痢《げり》や便秘としてサインを送ってきますが、頭で処理してばかりの人は、なかなかこれに気づきません。

　いわゆる「秀《しゅう》才タイプ」がこれに当てはまるのかもしれませんが、彼らはどこか線が細く、決してタフだとはいえません。※3肝心《かんじん》なところで頼《たよ》りになる「超一流」の人は、自律神経《じりつしんけい》を介《かい》し、腸とも上手に付き合っているのです。

「［　④　］が減っては［　⑤　］はできぬ」という言葉がありますが、それは単に空腹を満たさないと働けないことを意味するのではありません。いくら栄養のあるものを食べようが、腸が働いていなければ消化もできない、そのことを思い出してください。その本質は「腸がしっかり働いていないと戦えない」ということなのです。

　ここ一番で踏ん張って、私たちを支えてくれているのは、脳ではなく腸です。脳を中心に組み立ててきたこれまでの発想を見直し、「腸のむくみを取る」という単純なところから、生き方の本質を変えていくべきでしょう。

　かつて、解剖学者《かいぼうがくしゃ》の養老孟司《ようろうたけし》氏の『バカの壁』という本がベストセラーになり、大きな話題を集めたことがありましたが、これからの時代、生き方を見直すための大事なエッセンスは、脳よりも腸のなかに潜《ひそ》んでいます。

　その意味では、「バカの壁」ではなく、「腸の壁」のほうが重要。「腸の壁」は、食べ物の栄養など体に必要なものを取り込むための入り口ですが、これがうまく働かないとむくみはじめ、私たちから元気や魅力《みりょく》を奪《うば》っていきます。

（小林弘幸『人生を決めるのは脳が1割、腸が9割！』より）

※1　忌み嫌う…ひどくいやがる。
※2　粗末にする…いい加減に扱うこと。
※3　肝心…最も重要なこと。

問一　［　①　］に言葉として最も適当なものを選び、記号で答えなさい。

ア　つまり　　イ　しかし　　ウ　たとえば　　エ　もっとも

問二　――線部②「見落としてきた『真理』」とありますが、それはどのようなことですか。具体的に説明した次の文の空らんにあてはまる言葉を文中から四十字以内でさがし、そのはじめと終わりの五字をそれぞれぬき出して答えなさい。

◆腸は（　　　　　　　　　　）ということ

問三　（1）～（6）には、「腸」または「脳」ということばがあてはまりますが、その組み合わせとして正しいものを選び、記号で答えなさい。

ア　（1）腸　（2）脳　（3）脳　（4）脳　（5）脳　（6）腸
イ　（1）腸　（2）脳　（3）腸　（4）脳　（5）腸　（6）脳
ウ　（1）脳　（2）腸　（3）腸　（4）腸　（5）腸　（6）脳
エ　（1）脳　（2）腸　（3）脳　（4）腸　（5）脳　（6）腸

問四　――線部③「こうした人」について

(1)「こうした人」とはどのような人を指しますか。本文中から十七字でぬき出して書きなさい。

(2)「こうした人」と反対の意味でつかわれている表現を、本文中から二十字以内でぬき出して書きなさい。ただし、句読点や記号も字数にふくまれます。

問五　［　④　］、［　⑤　］に当てはまる言葉を入れて、ことわざを完成させなさい。

問六　本文の内容に合うものとして最も適当なものを選び、記号で答えなさい。

ア　いわゆる「頭のいい」人たちは、体の声に決して気づくことはできないので、気づく力を養わなければならない。

イ　腸がうまく働くからこそ、からだはその機能を充分に発揮できる、という本質を理解することがたいせつである。

ウ　脳のむくみをとることは腸のむくみをとることである、というように、生き方の本質を変えていくべきである。

エ　腸の分野の研究は、便を扱うことが多いこともあり、いまだにその働きを調べるところまでは進んでいない。

令和５年度

常葉大学附属中学校　入学試験問題

算数

１．この用紙は，先生の合図があるまで，開いてはいけません。

２．問題は６ページあります。どの問題から始めてもかまいません。

３．試験時間は４５分です。

４．答えは，この用紙の □ に直接，はっきりとていねいに書きなさい。

５．２ページの右上にも，受験番号，氏名を記入しなさい。

受験番号	氏　名	

得　点

（配点非公表）

1 次の計算をしなさい。

(1) $43-6\times4$

(2) $2138-517$

(3) $55-\{65-(21-7)\times3\}$

(4) $527\div17$

(5) 26.4×7.3

(6) $3\frac{2}{5}-1\frac{3}{7}$

(7) $\frac{5}{6}\times\frac{2}{3}\div2\frac{1}{7}$

(8) $\frac{3}{4}\times28-2-1.25\times6$

9 1 から 12 までの数字が書かれたカードがある。そこから10枚を選んで，図のように並べる。上の段のカードは左から小さい順に並べられていて，2 枚余っている。このとき，X と書かれたカードがいくつなのか □ に答えなさい。

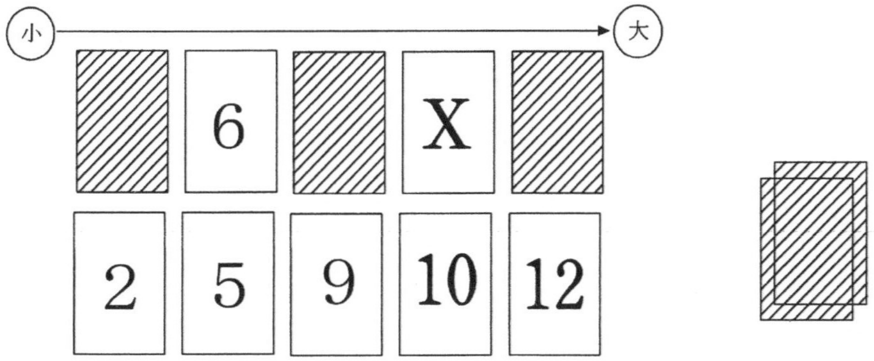

10 次の会話文を読んで，□ に入る数字を答えなさい。

(1段目)	1＋2＝3
(2段目)	4＋5＋6＝7＋8
(3段目)	9＋10＋11＋12＝13＋14＋15
(4段目)	16＋17＋18＋19＋20＝21＋22＋23＋24
(5段目)	25＋26＋27＋28＋29＋30＝31＋32＋33＋34＋35
	・ ・ ・

太郎さん：上のような足し算が成り立つんだね。

花子さん：数字の並び方に決まりがありそうだね。

太郎さん：そうだね。

続きを書いていくと，10 段目の左はしの数は □ だね。

花子さん：あ！左はしの数字を見てみると，

2 段目は 2 ×2 ＝4 ，3 段目は 3×3＝9，4 段目は 4×4＝16 だ。

太郎さん：本当だ。決まりが分かれば，6 段目以降の数字の並びも分かりそうだ。

花子さん：なるほど。じゃあ，1058 は □ 段目に あるね。

7 図の円柱について，次の問いに答えなさい。

(1) 円柱の表面積を求めなさい。

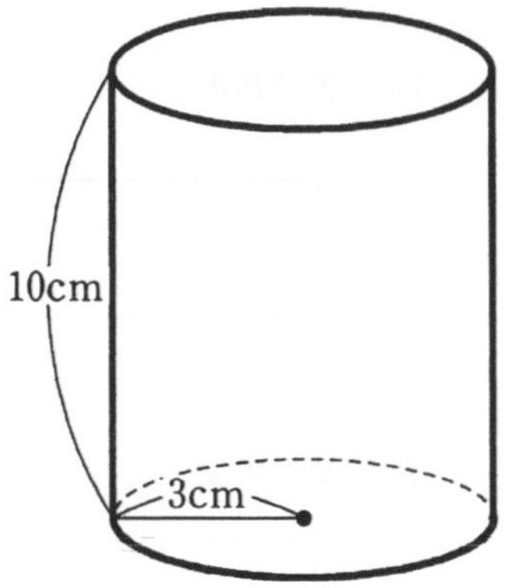

cm^2

(2) 円柱の体積を求めなさい。

cm^3

8 次の図形を赤，青，緑の３色をすべて使ってぬり分ける。その方法は全部で何通りあるか求めなさい。

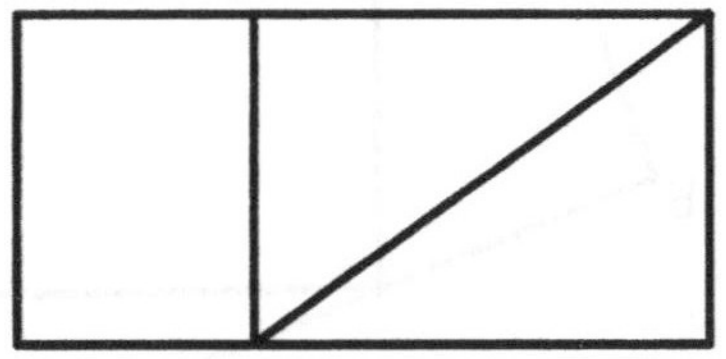

通り

受験番号	氏　　名

2 次の□に当てはまる数を答えなさい。

(1) □ $\times 7+13=111$

(2) $0.6:2=3:$ □

(3) 3500 円の３割引きの値段は□円です。

(4) 48 と 210 の最大公約数は□です。

(5) 正七角形の対角線の本数は□本です。

(6) 一辺が 15 cm の立方体の体積は□ cm^3 です。

(7) ２時 43 分の 57 分前は□時□分です。

(8) A，B，C，D，E の５人が算数のテストを受けました。
A の点数は 80 点で，B，C，D，E の４人の平均点は 60 点でした。
５人の平均点は□点です。

3 家から 3000 m 離れた図書館で勉強をしようと思い，9 時に家を出発しました。
分速 75 mの速さで歩いたとき，次の問いに答えなさい。

(1) 図書館に着く時刻を求めなさい。

時　分

(2) 家を出発してから 9 時 24 分に筆箱を忘れたことに気が付きました。このとき家から何 m 離れたところにいますか。

m

4 あるクラスで，20日間アルミ缶を回収し個数の記録を取り，下のヒストグラムにまとめました。アルミ缶を回収した個数が 80 個以上の日にちの割合は，全体の何%か求めなさい。
ただし，アは 0 以上 20未満が1日であることを示している。

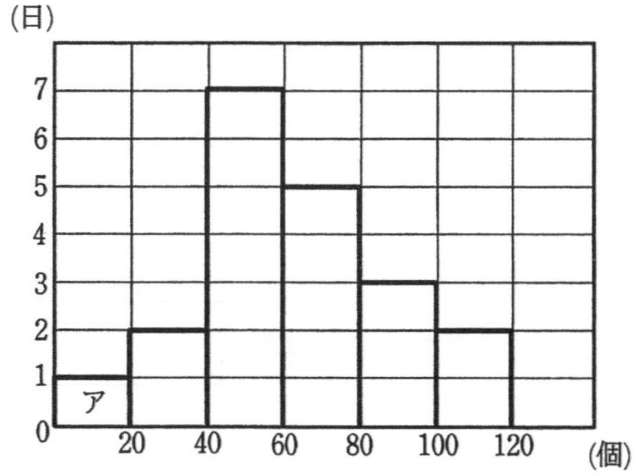

%

5 図のように，直角二等辺三角形の紙を折りました。次の角度を求めなさい。

(1) Xの角度

(2) Yの角度

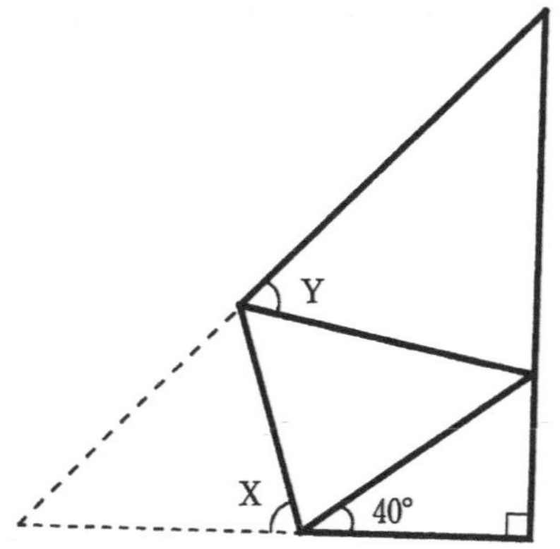

6 辺の長さが 5 cm, 12 cm, 13 cm の直角三角形 ア があります。その周りの四角形は直角三角形の各辺を 1 辺とする正方形です。また，図のように長方形ABCDを書きました。
このとき，次の面積を求めなさい。

(1) アの面積

cm^2

(2) 長方形ABCD の面積

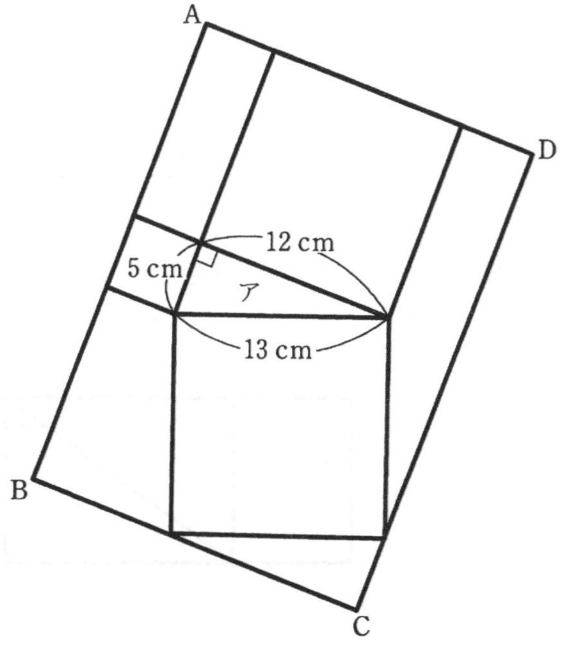

cm^2

令和五年度 常葉大学附属中学校 入学試験 国語 解答用紙

受験番号 番

氏名

得点 点

（配点非公表）

一

① 待機
② 作業
③ 発芽
④ 自覚
⑤ 導く（く）
⑥ 保つ（つ）
⑦ 群がる（がる）
⑧ 耕す（す）

二

① イガイ
② ツウカ
③ カンシャ
④ デントウ
⑤ カンコウ
⑥ ジョウタツ
⑦ ケワしく（しく）
⑧ イワう（う）

三

①
②
③

四

①
②

五

①
②
③

六

①
②
③

七

問一

問二

問三 ① ②

問四 A B C D

問五

問六

問七

八

問一

問二 腸は 〜 ということ

問三

問四 (1) (2)

問五 ④ ⑤

問六

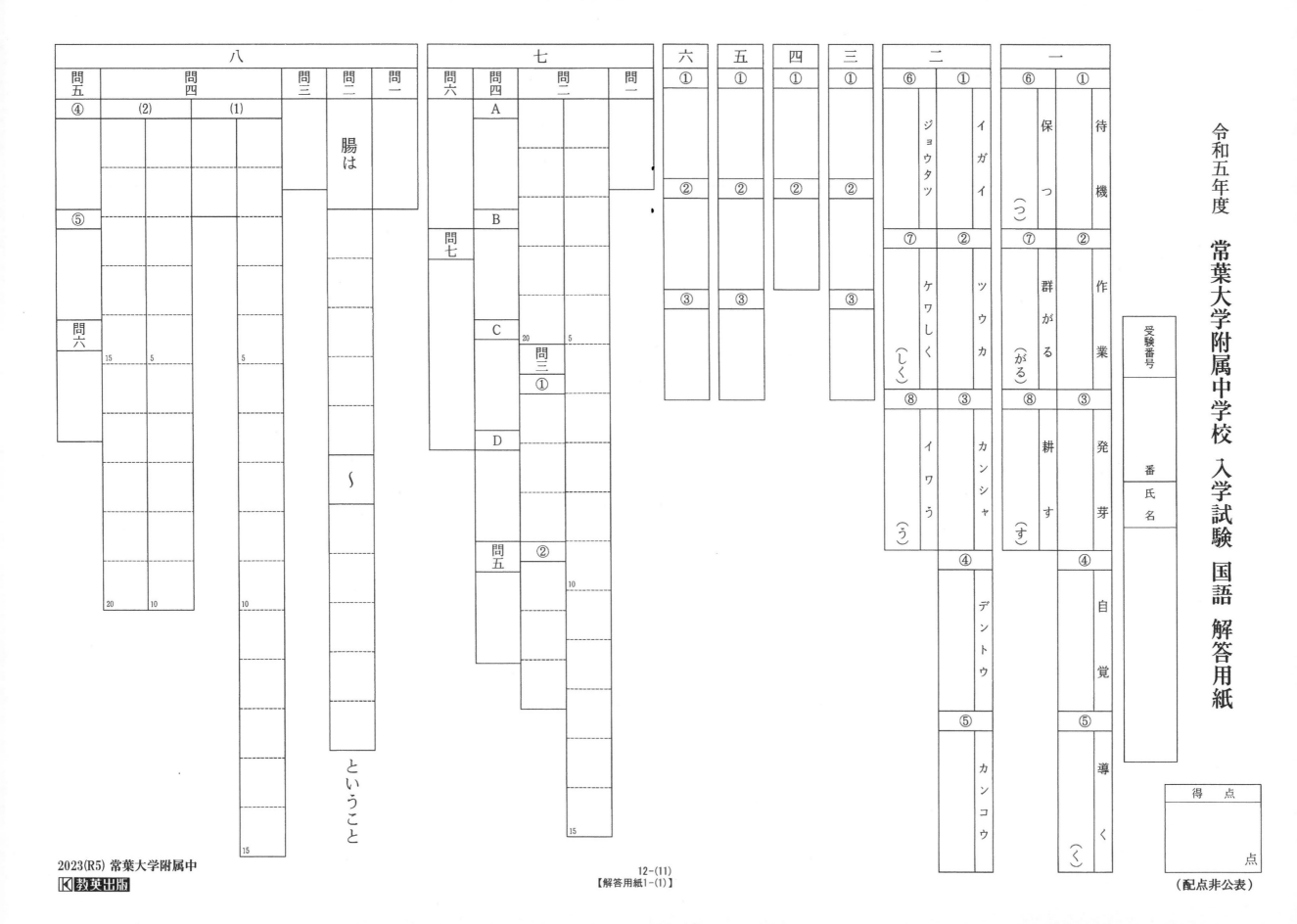

令和六年度　常葉大学附属中学校　入学試験問題

（45分）

国語（その一）

（常葉・橘・菊川）

受験番号	
氏名	

一、次の――線部の漢字の読みをひらがなで書きなさい。

① 機械の改良を試みる。　② 材料の重さを量る。
③ 車の往来が激しい。　④ 国を治める。
⑤ 多くの国々と交易してきた。　⑥ 回復の兆候が見える。
⑦ 改まった口調で切り出す。　⑧ 作戦を練る。

二、次の――線部のカタカナを漢字に直して書きなさい。

① 国語のセイセキがあがる。　② 友達にカサをカす。
③ 父の車にビンジョウする。　④ 全力をアげて戦う。
⑤ ハクブツカンを見学する。　⑥ 校舎をケンチクする。
⑦ 力の入れ方をカゲンする。　⑧ 身体ソクテイをする。
⑨ チョスイチの周りを歩く。　⑩ ココロヨく返事をする。

三、次の文の□はどの部分をくわしく説明していますか。最も適当なものをア～ウから選び、記号で答えなさい。

① 丘の　上の　[大きな]　白い　家が　ぼくの　家です。
ア 白い　イ 家が　ウ 家です。

② [おもしろい]　習性を　もった　虫を　先生は　研究している。
ア 習性を　イ 虫を　ウ 先生は

③ [突然]　海の　向こうに　大きな　船が　現れた。
ア 向こうに　イ 船が　ウ 現れた

四、次の□にはそれぞれ同じ言葉が入ります。下の意味を表す慣用句になるように適切な言葉を入れなさい。（ひらがなでもよい。）

① 手に□。（敵《てき》の作戦にひっかかる）
図に□。（いい気になる）

② 高《たか》を□。（たいしたことないと軽く見る）
腹《はら》を□。（覚悟《かくご》を決める）

③ 目を□。（かわいがって世話をする）
手塩に□。（苦労して大事に育てる）

五、日本語には、「虫」に関することわざや慣用句が多くあります。次のア～キのうち、（　）に「虫」という言葉が入らないものを二つ選び、記号で答えなさい。

ア（　）の居所《いどころ》が悪い　イ（　）の息
ウ（　）がいい　エ（　）の歩み
オ（　）の知らせ　カ（　）が好かない
キ（　）も食わない

六、次の文章を読んで、あとの問いに答えなさい。

「虫を食べる」と言えば、ゾッとする人、露骨《ろこつ》にいやがる人も多い。頭では納得《なっとく》しても、いざじっさいの場面となり、目の前にすると拒否《きょひ》するというパターンがある。食べものに対する個人の好《す》ききらいはあって当然だ。形を拒否する者が多いのも理由として当然だ。ただそこで、なぜ形によって※嗜好《しこう》が違《ちが》うのだろうという疑問を持つことが、文化を考えていくきっかけになるのだ。それを、「私たちの文化では虫を食べない」「日本人としては食べるものではない」など、根拠《こんきょ》がふたしかなまま「私たち」や「日本人」という一般化《いっぱんか》をはかって自分が食べられない理由とする人がいる。個人の好ききらいや価値観を当然のものだと考え、それを標準化することは、そうでない人たちを排除《はいじょ》する姿勢にも①つながりかねない。②このような安易な③一般化は危なっかしい。地域や文化を考える上で陥《おちい》らないよう気をつける点である。【A】

昆虫《こんちゅう》を食べるのは、「貧しいからだ」「他に食べものがないからだろう」「海から離《はな》れて魚がないからだ」、このようなよく言われる理由づけは、いずれもみずからの食生活を正の基準として、④昆虫食はそれよりも劣《おと》ったものとしてとらえる、[⑤]ではないだろうか。また、虫を食べる人自身も、しばしばその理由を「貴重なタンパク源」という言葉で説明してしまう。

【B】

虫を「美味《おい》しい」と受け入れる感覚も、逆に「不味《まず》い」「きらい」と拒否する感覚も、個人の嗜好に基《もと》づくように見えて、実は社会的あるいは文化的文脈の中に組《く》み込《こ》まれている。昆虫食も各地で行われてきた※慣行として成り立っている。それは、地域の社会の中で一つの価値観として共有されている。すなわち、⑥「当たり前」の美味しさは、ある社会を理解する⑦糸口にもなる。イモムシやカメムシを食べたことのない人から見れば、それらを食べることにゾッとするかもしれない。スズメバチに挑《いど》み、家で飼育するなどということも、危険この上ないと心配するかもしれない。【C】「食べたことがある」あるいは「食べることを知っている」という虫から、身近にいても食べることなど思いもよらないような虫まで、「食べる」か「食べない」かという単純《たんじゅん》な価値観と行為《こうい》の違いから、昆虫とその背後《はいご》の社会を見るきっかけができる。そしてその違いは、「食べる」か「食べない」かにとどまらず、食べ方、採り方など技術の違いとしても細分化してとらえていくことができるようになる。昆虫食を慣行としてとらえられることで、食用にする人たちの広がりが、地域や民族などの単位としても現れる。そして、個人、地域、民族など広がりのスケールの複層的な違いが見られる。あるものへの対応の仕方はけっして※普遍的《ふへんてき》なもの[⑧]。そこに、自分が主体的に入ることによって、さまざまな違いを主体的に受け止められる。つまり、⑨虫を食べてみること、あるいは、食べようとしても手の伸《の》びない自分に気づくことである。この気づきをスタート地点にしてさまざまなことに対して、どうしてだろうと疑問を持つことができる。

（野中健一『虫食《は》む人々の暮らし』ＮＨＫブックスより）

※嗜好…好んで、それに親しむこと。また、好み。
※慣行…以前からの習わしとして行われていること。
※普遍的…広く行きわたる様子。また、すべてのものにあてはまる様子。

問一　――線部①「つながりかねない」の意味として最も適切なものを次から選び、記号で答えなさい。

ア　つながるとは言い切れない　イ　つながるかもしれない
ウ　つながらなさそうだ　エ　かならずつながる

問二　――線部②「このような安易な一般化」とは、どういうことですか。説明しているところを本文中より三十三字でぬき出しなさい。

令和六年度　常葉大学附属中学校　入学試験問題

国　語（その二）

問三　――線部③「危なっかしい」のは、なぜですか。その理由として最も適切なものを次から選び、記号で答えなさい。

ア　同じ価値観を持たない人々に憎《にく》しみの気持ちを抱《いだ》いてしまうから。
イ　「日本人」は異文化の食習慣を受け入れないという誤解《ごかい》を生むから。
ウ　自分たちと違う食習慣を持つ文化を否定《ひてい》することに結びつくから。
エ　自分たちの好みにこだわり、食の新たな可能性を無視しているから。

問四　――線部④「昆虫食はそれよりも劣ったもの」とありますが、「それ」とは何を指していますか。本文中よりぬき出しなさい。

問五　[⑤]に入る最も適切な言葉を次から選び、記号で答えなさい。

ア　社会的な常識から来るもの　　イ　多面的な見方から来るもの
ウ　客観的な観察力によるもの　　エ　差別的な考え方によるもの

問六　――線部⑥「『当たり前』の美味しさ」とは、どういうことですか。最も適切なものを次から選び、記号で答えなさい。

ア　その地域で長い間親しまれてきた美味しさ
イ　その地域の人が工夫《くふう》して改良した美味しさ
ウ　その地域でしか味わうことのできない美味しさ
エ　その地域の風土や気候に合った美味しさ

問七　――線部⑦「糸口」と同じ意味で使われている言葉を、本文中より四字でぬき出しなさい。

問八　[⑧]に入る最も適切な言葉を次から選び、記号で答えなさい。

ア　である　　イ　ではない　　ウ　だろう　　エ　にちがいない

問九　――線部⑨「虫を食べてみること」について、筆者はどう考えていますか。最も適切なものを次から選び、記号で答えなさい。

ア　虫を食べる経験を通し、異なる社会に住む人々に共感することができる。
イ　虫を食べることで人間と自然のかかわり方を見つめ直すことができる。
ウ　虫を食べる時の自分の反応《はんのう》を見つめることが異文化理解の第一歩である。
エ　昆虫食を考えることにより、その地域や社会の問題点が明らかになる。

問十　次の一文は、本文中にある【A】～【C】のどこかに入ります。適切なところを探し、記号で答えなさい。

● これでは、仕方なく食べていると受け取られてしまう。

七、次の文章を読んで、あとの問いに答えなさい。

> 佳奈《かな》はある日、学校の帰りに新しい道を見つける。佳奈はそこに咲いていた色とりどりのつつじをつんでは道に置き、道しるべを作ることに夢中になっていたが、ふと気づくと、後ろからついてきた弟の進《すすむ》が、補助つき自転車でつつじの道しるべを踏みつぶしていた。佳奈はなきさけび、進を責めた。進はつつじを拾い、自転車のかごに入れて家に帰った。

母は、私がヒステリーをおこしたのを一目で見やぶった。わけを説明しなければならず話していくうちに、私はちょっと分《ぶ》が悪いなと思った。

「わざとお姉ちゃんが作ったものをこわしたんじゃないわね。意地悪したんじゃないでしょ？」

母は進に聞いた。進は大きくこっくりとうなずいた。

「お姉ちゃんにあやまったの？」

※かぶりをふる。まるで言葉をどこかに置き忘れてきたみたいだ。

「ごめんなさい、は？」

母にうながされても、進はむっと押《お》し黙《だま》っていた。自分が悪くないと思っている時の進はひどくがんこで、誰《だれ》の言うこともきかない。

「きれいに咲《さ》いているお花を、そんな風にむしっちゃいけないのよ。わかってるわね」

「うん」

母はそれ以上進にかまわず、今度は私に向かって言った。

私はしぶしぶ答える。母が進の味方についているのがわかるので、おもしろくない。

「[Ⅰ]」

「うん」

「[Ⅱ]」

その質問に答えるのはむずかしかった。①気が進まなくもあった。

「百個かな？」

私は首をひねった。

「進の自転車のかごにうんといっぱい」

「[Ⅲ]」

母は声をはりあげた。

「だめよ！そんなに取っちゃダメ！お花を取ったりしたらいけないの。さあ、もうしないって約束してちょうだい」

けっきょく、私がおこられたのだった。②これはおもしろくないので、母がいなくなると、私は進をめいっぱいこづいた。

「明日の朝までに、お花、もとどおりにするのよ！　いい？」

③「どうやるんだよ」

「自分で考えるの！」

すると、進は見たことがないほどこわい目をして、私をにらんだ。大きな黒目がちぢんで白目ばかりになったように見えた。

その晩《ばん》は、私が先にお風呂《ふろ》にはいった。進とは同じ部屋を使っているが、彼はまだ、つつじの花を一階の自転車置場に放りっぱなしにしているようだった。蛍光灯《けいこうとう》がぼやぼや光る夜の自転車置場は、ずいぶんと気味の悪い場所だ。あの薄暗《うすぐら》がりの中のつつじの花のかたまりを思い浮かべると、なんだかいい気がしない。進はどうするつもりだろう、と私は考えた。それとも、どうもしないつもりかしら。

私はお風呂が好きで、とても長い時間はいっている。スポンジのアヒルを湯船にしずめたり、紙せっけんをとかしてみたり、シャンプーのあわで鏡に絵をかいたり、やることはいくらでもあるのだ。進とつつじの花のことはいつのまにか忘れていると、いきなり浴室のドアが開いた。

進だ。その時、私は薄い水色の湯船につかり、あがる前の〝百数え〟をやっていた。

「七十七、七十八……なあに？」

いきなり、ふぶきのように、紅色《べにいろ》のひらひらがふりかかってきた。一気にぱあっと、私の頭をめがけて、濃《こ》いピンク、淡《あわ》いピンク、朱色《しゅいろ》、薄紫《うすむらさき》、白のこまかいかけらが落ちてくる。鮮《あざ》やかな色に飲みこまれて、私は一瞬息ができなくなる。つつじだ。つつじのふぶき。

進は、砂場用のバケツを空にしてしまうといかにも気分よさそうに、にやりとした。私はあっけにとられて弟を見つめた。頭から花びらをすくっ

令和六年度　常葉大学附属中学校　入学試験問題

国語（その三）

て手の平でながめると、つつじはだいぶおおざっぱに引きさかれている。それにしても、やわらかい花びらをこれだけちぎるのは、ずいぶん根気のいる仕事だろう。

ドアのしまる音がして、進は姿を消した。私は、湯船に浮かんだこまかい花びらを、お湯と一緒にじゃぶじゃぶすくった。それはとてもきれいだったが、こわくもあった。花が完全に死んでしまったのがわかるので、こわかったのだ。紅《べに》や朱《しゅ》や濃い桃色《ももいろ》のかけらは、花の[④]のようだ。進が花を殺してしまったと思い、私は湯船の中でみぶるいした。

※A棟《とう》のわき道に咲きこぼれていたつつじ。その枝先の生きている花が頭に浮《う》かんだ時、⑤私は悪いのは自分であることに気がついた。私がむしりとって、私がすてて、進がつぶして、進が引きさいた。でも、最初は私だ。

自転車が道しるべをひいてしまった時のショックが、あまりに大きかったため、進ひとりが花をめちゃくちゃにしたような気持ちがしていた。だから、母が進より私をおこるのがゆるせなかったのだ。

生きている花をつんだのは私なのに、それが美しい道しるべであるうちは、つつじが死んでいることがわからなかった。花が、自転車のかごの中の黒いかたまりになった時、かすかな悪い予感がめばえた。そして、進が花を小さなかけらに変える。血のような花ふぶきにとりまかれた今、私はすっかりおびえてすくんでしまったのだ。

自分がとてもとても[⑥]気がした。明るい色の小さな花のかけらが、髪《かみ》やはだやお湯の上や白いタイルの洗い場の床《ゆか》に散っているのを、きれいだなと思い、こわいなと思い、⑦胸《むね》がどくどくと鳴って苦しかった。

私は本当に長いこと、お湯の中で、身を堅《かた》くしてじっとしていた。湯気が頭につまって、なんだか首がくらくらするようだった。

「ちょっと、いつまではいってるの！」

母が私をひきずりだしにやってきた時、その力強い声に、はっとして目をみはった。しかし、母は私よりもはっとしたらしく、小さな悲鳴をあげたのだった。

「何？　何よ、これ！」

色とりどりの、〝つつじ風呂〟。

私はまだぼんやりとしていて、返事が頭の中に用意できなかった。母は、湯船に浮かんだつつじのかけらを手ですくいあげた。

「まあ……」

なんとも言いようがない声で、母はうめいた。

「つつじよ」

私はやっと声を出すことができた。そして、身の安全のためにつけくわえた。

「[⑧]がやったのよ」

母はお湯の中をかきまわしていたが、透明《とうめい》なおかしな形のかけらを、いくつか手の平にすくいあげた。それは、もちろん花びらではなかった。私はしばらく考えてみた。そして、ようやくその正体がわかった。丸めたセロテープと※セメダインのかけらだ。

急にほのぼのとおかしくなった。進の気持ちが、そっくり理解できた。弟は私に言われたとおり、傷《きず》ついた花をもとにもどそうとがんばったのだ。彼はセロテープとセメダインを使って、破れた花びらをつなぎあわせようとした。きっと、さんざん苦労したのだろう。どうにもならなくて、頭にきて、ついに、花をばらばらにしてしまったのにちがいないのだ。

私はなんだか、ほっとしたように明るい気持ちになって、湯船から、ざんぶりとあがった。

（佐藤多佳子『サマータイム』新潮文庫刊より）

※かぶりをふる…頭を左右に振って、聞き入れられない、という意味を示す
※A棟…団地の棟のひとつ
※セメダイン…接着剤《ざい》の一種

問一　会話が成り立つように、[Ⅰ]から[Ⅲ]にあてはまる言葉を次からそれぞれ選び、記号で答えなさい。
ア　たくさん取ったの？　　イ　そんなに取ったの？
ウ　どうやって取ったの？　　エ　どのくらいたくさん？

問二　――線部①「気が進まなくもあった」のは、なぜですか。その理由として最も適切なものを次から選び、記号で答えなさい。
ア　本当のことを言っても、いつも信じてもらえないから。
イ　母の質問に答えると、さらに分が悪くなると思ったから。
ウ　母がいつも弟よりも姉の自分をしかるとわかっていたから。
エ　自分がつみ取った花の数をまったく覚えていなかったから。

問三　――線部②「これはおもしろくない」というのは、なぜですか。【　】にあてはまる言葉を本文中よりぬき出し、理由を完成させなさい。ただし、【　】内に示した字数でぬき出すこととします。
●母が【　八字　】いて、自分が【　五字　】から。

問四　――線部③「どうやるんだよ」とありますが、実際に進はどのようにしましたか。それがわかる一文を本文中より探し、初めの五字を答えなさい。

問五　[④]に入る言葉を本文中より一字でぬき出しなさい。

問六　――線部⑤「私は悪いのは自分であることに気がついた」とありますが、「悪いのは自分」だと気づく前の佳奈はどのような気持ちでいましたか。それがわかる一文を本文中より探し、初めの五字を答えなさい。

問七　[⑥]に入る最も適切な言葉を次から選び、記号で答えなさい。
ア　ひきょうな　　イ　臆病《おくびょう》な　　ウ　残酷《ざんこく》な　　エ　薄情《はくじょう》な

問八　――線部⑦「胸がどくどくと鳴って苦しかった」のは、なぜですか。【　】にあてはまる言葉を入れて理由を完成させなさい。ただし、【　】内に示した字数で、ⓐとⓘは本文中よりぬき出し、ⓤは自分で考えて答えることとします。
●【　ⓐ　一字　】が完全に【　ⓘ　七字　】ことが【　ⓤ　四字　】から。

問九　[⑧]に入る言葉を本文中より漢字一字でぬき出しなさい。

問十　本文の内容に最も合っているものを次から選び、記号で答えなさい。
ア　佳奈の母は、進がわざと道しるべをこわしたことは良くないと思いながらも、佳奈ばかりを責めた。
イ　佳奈から花をもとどおりにするよう言われた進は、佳奈に対する反抗《はんこう》的な気持ちをまったく見せなかった。
ウ　進は、いつも佳奈にいじわるをされている仕返しに、つつじのふぶきをバケツいっぱいに浴びせた。
エ　最初に生きている花をつんだのが自分であったことに気づいた佳奈は、進に対して優《やさ》しい気持ちになれた。

令和６年度

常葉大学附属中学校　入学試験問題
算数

1. この用紙は，先生の合図があるまで，開いてはいけません。
2. 問題は６ページあります。どの問題から始めても
   かまいません。
3. 試験時間は 45 分です。
4. 答えは，解答用紙の □ に直接，はっきりとていねいに
   書きなさい。

受験番号	氏　名	

（配点非公表）

1 次の計算をしなさい。

(1) $6+7\times8$

(2) $513-375$

(3) $32-\{40-(16-7)\times3\}$

(4) $1326\div17$

(5) 7.6×8.3

(6) $3\frac{2}{5}-1\frac{2}{3}$

(7) $\frac{15}{16}\div\frac{5}{4}\div\frac{5}{8}$

(8) $5.8+\left(2\frac{1}{3}-0.2\right)\times9$

8 下の図のように，直方体を組み合わせた形をした容器があります。次の問いに答えなさい。ただし，容器の厚さは考えないものとします。

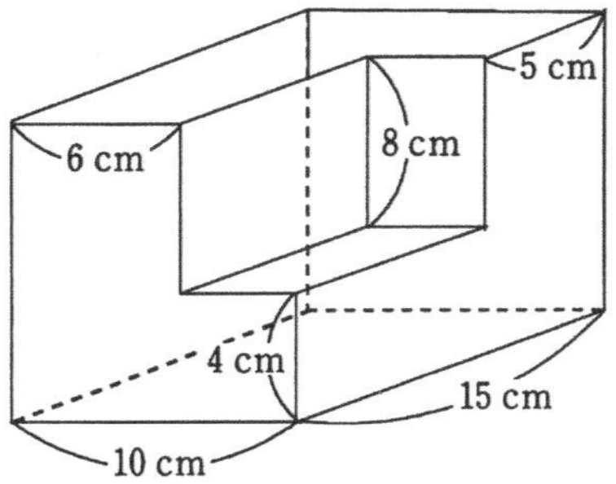

(1) 右の図の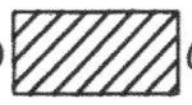の部分の面積を求めなさい。

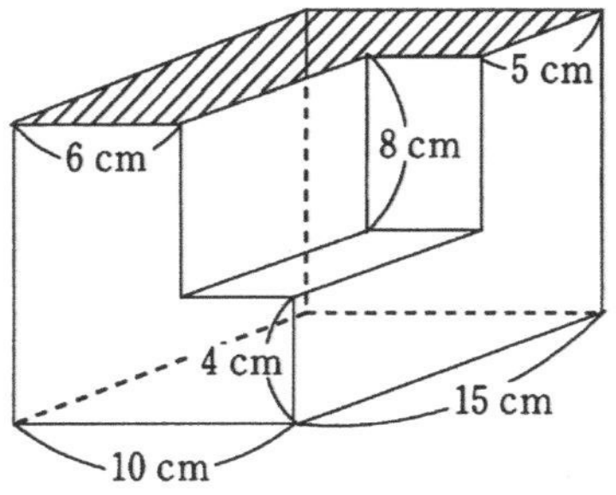

(2) この容器の容積を求めなさい。

(3) この容器に水を 1150 cm^3 入れると，もっとも深いところの水の深さは何 cm になりますか。

2024(R6) 常葉大学附属中
K 教英出版

6 図の▨の部分の面積を求めなさい。

(1)

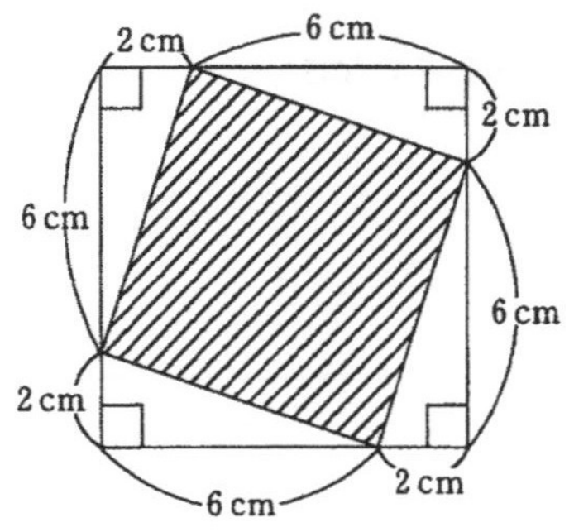

(2)

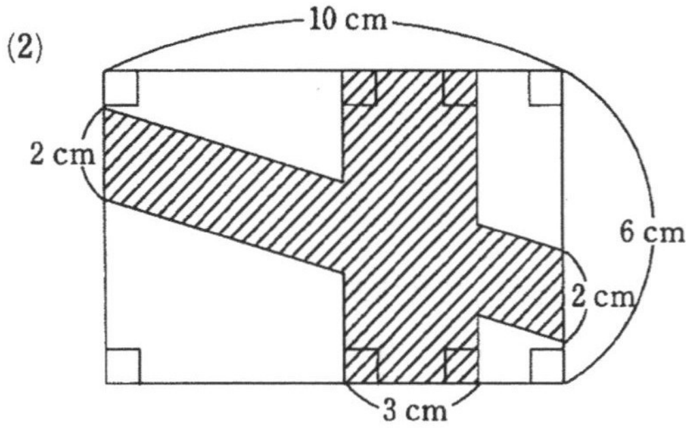

7 図の▨の部分の周りの長さを求めなさい。　（円周率は 3.14 とします）

※一辺が 9 cmの正方形と，半径が 9 cm の円を $\frac{1}{4}$ にしたものを 2 つ重ねた図形

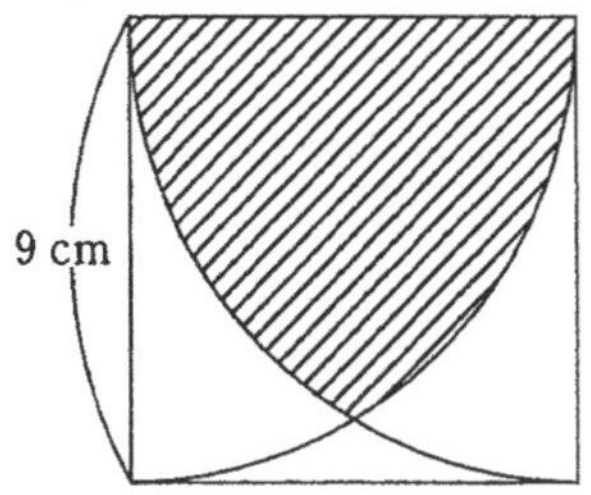

2 次の□にあてはまる数を答えなさい。

(1)　$0.25 = \frac{1}{\square}$

(2)　□×7＝3

(3)　□ : 56 ＝ 5 : 8

(4)　立方体の辺の本数は，□本です。

(5)　4800 円の 2 割は□円です。

(6)　18 と 24 の最小公倍数は□です。

(7)　3 人の体重がそれぞれ 59 kg，47 kg，68 kg のとき，

3 人の体重の平均は□kg です。

(8)　6 km の道のりを分速 80 m で歩くときにかかる時間は，

□時間□分です。

3 右の棒グラフは，あるクラス 30 人に対して，１か月に読んだ本の冊数をまとめたものです。次の問いに答えなさい。

(1) １か月に３冊読んだ人の人数を求めなさい。

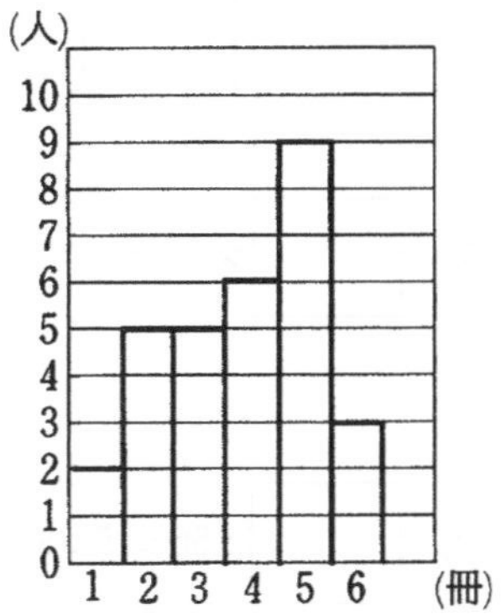

(2) １か月に５冊以上読んだ人は全体の何%か求めなさい。

(3) 右の円グラフは，上の棒グラフを円グラフにしたものです。
このとき，「ア」の角度を求めなさい。

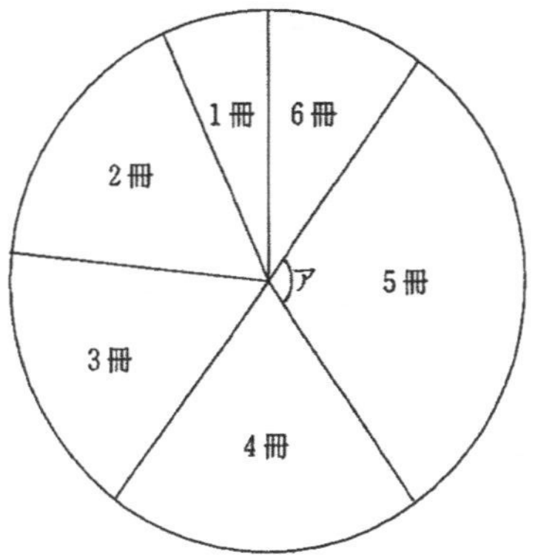

4 ここでは，１×２×３×４×５×６×７×８×９×10 を１×２×３×…×10 とします。

$\dfrac{1\times2\times3\times\cdots\times\square}{6\times7\times8\times9\times10}=\dfrac{1}{42}$ になるように，□ を求めなさい。

5 1，5，9，13，… のように，あるきまりにしたがって数字が並んでいます。
A君とBさんは，2024 番目の数字が何になるかを考えています。
次の(1)～(3)にあてはまる数字を求めなさい。

A君　：2024 番目を求めたいね。
Bさん：そうだね，何か規則性はないかな～。
A君　：具体的に考えてみようか。
Bさん：1，5，9，13，… あっ，同じ数ずつ増えているよ。
A君　：本当だ。 (1) ずつ増えているね。他にはないかな。
Bさん：1，5，9，13，… こんなかんじで考えられるんじゃないかな？

1番目	1＝1
2番目	5＝1＋4×1
3番目	9＝1＋4×2
4番目	13＝1＋4×3
5番目	17＝1＋4×4

A君　：この法則にしたがうと，10 番目は (2) になるね。
つまり，2024 番目は， (3) だね。

令和六年度　常葉大学附属中学校　入学試験　国語　解答用紙

受験番号

氏　名

得　点

点

（配点非公表）

一

① みる

② る

③

④ める

⑤

⑥

⑦

⑧ る

二

①

② す

③

④ げ

⑤

⑥

⑦

⑧

⑨

⑩ く

三

①

②

③

四

①

②

③

五

、

、

六

問一

問二

問三

問四

問五

問六

問七

問八

問九

問十

七

問一　Ⅰ　Ⅱ　Ⅲ

問二

問三　母が　いて、自分が　から。

問四

問五

問六

問七

問八　が完全に　ことが　から。

問九

問十

令和６年度

常葉大学附属中学校 入学試験 算数 解答用紙

1	(1)		(2)		(3)	
	(4)		(5)		(6)	
	(7)		(8)			

2	(1)		(2)		(3)	
	(4)	本	(5)	円	(6)	
	(7)	kg	(8)	時間　　分		

3	(1)	人	(2)	%	(3)	°

4	

5	(1)		(2)		(3)	

6	(1)	cm^2	(2)	cm^2

7	cm

8	(1)	cm^2	(2)	cm^3	(3)	cm

受験番号	氏名	得点

（配点非公表）

14-(13)
【解答用紙2-(2)】